70.–

Hans Rohrbach

Schöpfung – Mythos oder Wahrheit?

W0469268

R. BROCKHAUS

INHALT

VORWORT

Hiermit lege ich eine Auslegung des Schöpfungsberichts der Bibel vor, die sich in mancher Hinsicht von den mir bekannten Auslegungen unterscheidet. Zum einen gehe ich als Mathematiker von dem neuen Denken aus, das Mathematik und Theoretische Physik in diesem Jahrhundert erarbeitet haben und das mir zur Erkenntnis des Wortes Gottes angemessener zu sein scheint als das in den Geisteswissenschaften gebrauchte Denken der diskursiven Logik. Zum andern sehe ich den Schöpfungsbericht, wie auch sonst die Bibel, als offenbartes Gotteswort an, indem ich ihn als eine prophetische Schau in die Vergangenheit verstehe, wie das letzte Buch der Bibel eine prophetische Schau in die Zukunft gibt. Zum dritten gehe ich nicht von dem naiven Weltbild aus, der sogenannten Stockwerksvorstellung, die oft genug noch als biblisches Weltbild angesehen wird, sondern von dem eigentlichen Weltbild der Bibel, dem komplementären Ineinander von Sichtbarem und Unsichtbarem. Diese von mir vorausgesetzten Grundkategorien werden in den ersten beiden Kapiteln des Buches ausführlich erörtert.

Evolutionistische Vorstellungen lehne ich ab, sowohl für die Entstehung von Weltall und Erde als auch für die Erschaffung des Menschen, weil sie wissenschaftlich keineswegs gesichert sind. Ebensowenig kann ich einer theistischen Evolution zustimmen, weil dabei das Wirken Gottes in unangemessener Weise mit wissenschaftlich ungesicherten Ideen vermengt wird. Ich möchte auch nicht als ein Naturwissenschaftler angesehen werden, der Bibel und Naturwissenschaft harmonisieren will; das sehe ich vom Sichtbaren aus als undurchführbar an. Ich halte mich an die nach meinem Empfinden einzig mögliche Zuordnung von Natur und Bibel, die dadurch gegeben ist, daß beide der gleichen Quelle im Unsichtbaren entstammen. In der

Natur, als Schöpfung Gottes verstanden, offenbart sich Gott als der Allmächtige. In der Bibel, als Wort Gottes verstanden, offenbart sich Gott als der persönliche Gott für den Glaubenden. In beiden Offenbarungen ist es aber derselbe Gott, nur daß er sich unter verschiedenen Namen zu erkennen gibt.

Ich zitiere[1]: »*Elohim* ist der alles umfassende Name Gottes und spricht die Universalität Gottes an, den Anspruch, aller Völker Gott zu sein. Elohim ist Gott der Allmächtige, die Gottheit schlechthin, der Schöpfer des Universums, der Herr der Natur, die Quelle des Lebens. Mit Elohim ist der Gott der physischen Welt gemeint.

Jahwe heißt Gott immer dann, wenn er sich als der Gott der ethischen Welt offenbart oder als solcher angesprochen wird. Jahwe ist der dem Volke Israel persönlich zugeordnete Gott. Jahwe ist der Gott exklusiv für den Glaubenden. Jahwe ist der persönliche Gott.

Jahwe Elohim, der Doppelname, umfaßt zum einen den universalen Anspruch Gottes, zum andern das spezifische, nur für das biblische Denken erkennbare Dasein Gottes.«

Das Ergebnis von Gottes Wirken durch sein Wort in der Natur und in der Bibel ist offen für das Erforschen durch Naturwissenschaft bzw. durch Theologie. Beide Wissenschaften wenden sich aber, trotz der gleichen Quelle, seit den zwanziger Jahren dieses Jahrhunderts mit unterschiedlichen Denkweisen ihrem Erkenntnisgut zu. Da es aber für beide Wissensgebiete um offenbartes Wort Gottes geht – zum einen als Schöpfung für alle Menschen aufgrund von Gottes Allmacht, zum andern als persönliche Weisung Gottes an den Glaubenden – so sollte der Versuch gemacht werden, für beides den gleichen Erkenntnisweg

[1] H. Bräumer, Das erste Buch Mose (Kapitel 1-11), Wuppertaler Studienbibel (Altes Testament), R. Brockhaus Verlag, Wuppertal 1983, S. 22.

einzuschlagen. Genau das ist der Weg, den ich im folgenden gehe.

Nach meiner Sicht sollte man den Schöpfungsbericht der Bibel in erster Linie als Lobpreis Gottes verstehen. Auf der Grundlage der damaligen Erkenntnis von Weltall, Erde und Mensch wurde Gott als dem Schöpfer aller Dinge und des Lebens die Ehre gegeben und das in einer hervorragenden und höchst beeindruckenden Weise. Dabei war der Glaube an den allmächtigen und persönlichen Gott die Quelle für die Anbetung und die Inspiration. Deshalb achte ich den Wortlaut des biblischen Berichtes sehr hoch und verstehe ihn, wie gesagt, als offenbartes Wort Gottes. Aber es ist mir nicht möglich, den Schöpfungsbericht nur buchstäblich auszulegen. Vor allem ist es die Zeitfrage, ob die sechs Schöpfungstage je eine Dauer von 24 Stunden gehabt haben, die mich von anderen Auslegern unterscheidet.

Mir ist es ein Anliegen, daß der Schöpfungsbericht auch heute in erster Linie zur Ehre und zum Lobe Gottes ausgelegt werden soll. Das kann und darf jetzt aber unter Heranziehung von wissenschaftlicher Erkenntnis der Gegenwart geschehen, und man sollte es Naturwissenschaftlern nicht verargen, wenn sie als Glaubende das Lob Gottes in der Schöpfung auf ihre Weise verkünden. Viele Naturwissenschaftler bezeugen heute durch Wort und Schrift, daß sie – infolge der umfassenden Wende im Denken und Erkennen der exakten Naturwissenschaft – ein echtes Miteinander von wissenschaftlicher Forschung und Glauben an den persönlichen Gott durch Jesus Christus unangefochten verwirklichen können. Diese Wende hat in der Gegenwart tatsächlich ein solches Miteinander wieder ermöglicht, nachdem christlicher Glaube und wissenschaftliches Denken seit der Aufklärung Jahrhunderte hindurch als unvereinbar gegolten haben.

Es ist immer wieder die Frage nach der Wahrheit, die die Menschen beschäftigt. Gewiß gibt es eine vollkommene

Wahrheit, aber nicht im Rahmen menschlicher Erkenntnis, sondern allein in dem lebendigen Gott. Er selbst ist die Wahrheit. Deshalb ist Wahrheit über die Welt, insbesondere über Schöpfung und Evolution, nur als eine *überweltliche* Wahrheit zu erhalten. Von der Welt aus ist lediglich eine relative Wahrheit zu erkennen. Wissenschaftliche Forschung hat viel Richtiges erkannt und zielt stets auf weitere Vervollkommnung, stößt aber immer wieder an ihre Grenzen. Auch bei der Erforschung des Wortes Gottes brauchen wir, wenn sie zu wahren Ergebnissen führen soll, die Hilfe Gottes. Der heilige Geist ist es, der uns in alle Wahrheit leitet. Aber sie ist keine von Gott unabhängige Wahrheit, sondern mit Jesus Christus an ihn gebunden. So wird kein Mensch je die volle Wahrheit über Gottes Wirken erkennen, auch nicht über den Schöpfungsvorgang, da es um geistliche Erkenntnis geht (1. Kor. 2,7). Die Auslegung biblischer Texte wird daher stets Unterschiede aufweisen.

Im Grunde ist das Gegenüber von Bibel und menschlicher Weisheit niemals sachlich bedingt gewesen, sondern war und ist stets eine Auseinandersetzung zwischen Glaube und Unglaube. Ich zitiere[2]: »In der Auseinandersetzung mit der Naturwissenschaft geht es nicht um das Gegenüber von Theologie und Wissenschaft, sondern quer durch die Disziplinen um die Frage nach einer Wissenschaft mit Gott und einer Wissenschaft ohne Gott.« . . . »Der Christ kann auch bei einer Auslegung des Alten Testaments nicht von Jesus Christus, seinem Erlöser, absehen. Er muß immer neu bezeugen, daß Jesus das Ziel aller Wege und Worte Gottes ist.«

»Der christliche Ausleger des Alten Testaments bleibt Bekenner Jesu Christi. Übertragen auf die Materie, mit der sich ein Naturwissenschaftler, der sich für Jesus Christus entschieden hat, auseinandersetzt, gelten für ihn genau

[2] H. Bräumer, a.a.O., S. 27/28.

dieselben Grundsätze wie für den glaubenden Theologen. Beide haben dasselbe Vorverständnis des Glaubens, das Karl Heim in folgenden vier Erkenntnissen zusammenfaßt:

a) Gott ist lebendig und persönlich. Er durchwaltet alles, und alles, was ist, steht in seiner Allgegenwart.
b) Jeder Mensch empfängt seine persönliche Existenz und seine Stelle, an die er in dieser Welt gestellt ist, unmittelbar von Gott.
c) Es gibt einen Auftrag Gottes an den Menschen, auf den gestützt der Mensch in der ihn bedrohenden Welt bestehen kann.
d) Hinter dem ganzen Weltlauf und dem Naturgeschehen steht ein Plan. Der Gang der Welt ist auf ein letztes Ziel ausgerichtet, das dem Menschen jetzt noch verborgen ist.«

In diesem Sinne bekenne ich mich bei meiner Auslegung zu einer Wissenschaft mit Gott. In Übereinstimmung mit den Naturwissenschaftlern Karl und Bernhard Philberth[3] verstehe ich die Aussagen über Gottes Wirken in der Schöpfung dahin, daß sein gebietendes Schaffen ein zeitliches Werden einschließt und sein schöpferisches »Es werde!« jeweils einen länger andauernden Prozeß auslöst. Ich lasse also zu, daß die Schöpfungstage auch als Schöpfungsabschnitte unbestimmter Dauer angesehen werden können, lege aber die Unbestimmtheit nicht fest. Eine Bestätigung für dieses Vorgehen sehe ich vom Text her in dem Gebrauch der Verben *bara* (für das Schaffen allein durch Gott) und *asah* bzw. *jazar* (für das Machen bzw. Formen durch Gott). Sie werden im Schöpfungsbericht für das Handeln

[3] K. Philberth, Botschafter Christi in der Welt der Wissenschaft und Technik (Vortrag vor der Internationalen Vereinigung Christlicher Geschäftsleute, Jahrestagung Würzburg, 1989), idea Dokumentation 11/89, Wetzlar, Postfach 1820.
B. Philberth, Der Dreieine (Anfang und Sein, Struktur der Schöpfung), Christiana Verlag, Stein/Rhein, 4. Aufl. 1976.

Gottes im Grunde bedeutungsgleich verwendet, wobei einunddasselbe Ereignis mit dem einen Wort als ein zeitloses Setzen im Unsichtbaren, als ein Schaffen, mit dem anderen als ein zeitlicher Ablauf im Sichtbaren, als ein Werden, beschrieben wird. Diese Sicht wird in überzeugender Weise durch eine andere Verwendung der Verben bei Jesaja bestätigt – ein Hinweis, den ich Karl Heim verdanke. Da wird (Jes. 43,1a) mit diesen Verben zum einen die Erschaffung, zum andern das geschichtliche Werden des Volkes Israel als ein Nebeneinander göttlichen Handelns gekennzeichnet. So bemühe ich mich durchweg, das Bengelsche Prinzip einzuhalten, daß Schrift durch Schrift auszulegen ist. Im übrigen verläuft meine Auslegung ganz im Rahmen des Stichworts »Schöpfung« im Lexikon zur Bibel[4]. Wer daneben eine theologische Auslegung benutzen möchte, sei auf das mir sehr zusagende Buch von Claus Westermann[5] verwiesen.

Ich würde mich sehr freuen, wenn das vorliegende Buch gerade *den* Menschen dienen könnte, die der Bibel kritisch gegenüberstehen und vor allem durch ihre ersten Kapitel von einem weiteren Studium abgehalten werden.

Bischofsheim, Januar 1990 Hans Rohrbach

[4] Lexikon zur Bibel, herausgegeben von F. Rienecker, R. Brockhaus Verlag, Wuppertal 1960, Spalten 1229/1230

[5] C. Westermann, Schöpfung, Kreuz-Verlag Stuttgart-Berlin, 2. Aufl. 1976.

I. Einführung

1. Klärung einiger Vorfragen

Logische Alternativen

Dem Schöpfungsbericht der Bibel gegenüber kann man mancherlei einwenden, vor allem, daß man ihn nur schwer ernstnehmen könne, weil niemand bei der Entstehung des Weltalls, insbesondere der Erde, dabei war und ein zuverlässiger Bericht doch Augenzeugen voraussetze. Wie bei den Weltentstehungssagen anderer Völker könne es sich bei den Vorstellungen des Volkes Israel von einer Schöpfung, so meint man, nur um eine Volkssage handeln. Solche Sagen seien durchaus motiviert, weil sich der Mensch gern Gedanken macht über sein Woher und sein Wozu. Doch die große Vielfalt der überlieferten Weltentstehungsmythen zeige, daß etwas Gewisses darüber nicht ausgesagt werden könne.

So berechtigt diese Argumentation sein mag – wer ehrlich um Erkenntnis bemüht ist, sollte sich mit dem mageren Ergebnis nicht zufrieden geben. Die Frage nach einer Entstehung von Weltall, Erde, Mensch erhält so nur die resignierende Antwort, daß man darüber nichts wissen könne. Damit verschließt man sich von vornherein der Möglichkeit einer Information. Wem es wirklich um Erkenntnis zu tun ist, fragt weiter – vor allem ein wissenschaftlich arbeitender Mensch. Er sagt sich: Wenn die Welt mit allem, was in ihr ist, geschaffen sein sollte, so müßte es einen Schöpfer gegeben haben, der – besser als irgendein Augenzeuge – über sein Werk berichten könnte. Wer an Erkenntnis interessiert ist, sollte deshalb bereit sein, die Frage nach einer Entstehung der Welt offen zu lassen, und nach logischen Alternativen greifen, um das Problem einzugrenzen.

Als erste Alternative bietet sich an: Ist die Welt überhaupt einmal entstanden oder war sie nicht schon immer da? Das ist bereits wissenschaftlich entschieden. Experimentelle Untersuchungen von Physik und Astrophysik haben ergeben, daß die Welt einen Anfang gehabt hat. Man schätzt das Alter der Welt auf viele Milliarden Jahre, gewiß ein hohes Alter, aber jedenfalls nur endlich viele Jahre. Man hat auch recht genaue Vorstellungen von der Art des Entstehens: stark komprimierte Materie explodierte, dehnte und dehnt sich aus und erzeugte mit Weltraum und Weltzeit nach und nach die Quasare, aus denen die vielen Galaxien im Weltall entstanden sind. Der Ablauf des ganzen Vorgangs läßt sich modellmäßig in großen Zügen beschreiben, doch bedürfen manche darin enthaltenen Hypothesen noch der wissenschaftlichen Klärung. Physik und Astrophysik haben aber in den letzten Jahren erstaunliche Entdeckungen gemacht, die sie immer tiefer in die Strukturgeheimnisse von Materie und Weltall eindringen lassen. Die Explosion, mit der Weltall und damit Raum und Zeit als Eigenschaften der Materie entstanden sein sollen, wird mit dem Wort Urknall bezeichnet.

Die sich nun ergebende zweite Alternative lautet: Sind Urmaterie und Urknall von selbst entstanden oder sind sie von einem Unbekannten verursacht worden? Hier gibt es keine wissenschaftliche Antwort, hier ist die eigene Entscheidung dessen gefordert, der eine Antwort sucht. Hat er sich dafür entschieden, ein Von-selbst-Entstehen aus dem Nichts als sinnlos abzulehnen, so erhebt sich gleich die dritte Alternative: Ist der unbekannte Verursacher reiner Zufall oder Gott? Auch hierfür gibt es keine rational zu begründende Antwort. Bei der zweiten und der dritten Alternative haben wir als freie Menschen die Möglichkeit, uns frei zu entscheiden. Zahlreiche Naturwissenschaftler haben sich für den Zufall entschieden, des weiteren einige auch dazu, die Entscheidung als unwichtig oder nicht lösbar offen zu lassen. Und es gibt Naturwissenschaftler, die

die Entstehung und Gesetzmäßigkeit des Weltalls auf etwas Göttliches zurückführen.

Ich erwähne hier nur Bernhard Rensch, Zoologe an der Universität Münster, der in seinem neuesten Buch ausführt[6]: »Die Deutung allen irdischen Geschehens durch eine Anzahl auf nichts Anderes rückführbarer Gesetzlichkeiten rechtfertigt es, von göttlichen Gegebenheiten zu sprechen. So ist schließlich die Möglichkeit gegeben, göttliches Wirken mit irreduziblen basalen Gesetzlichkeiten im Sinne eines Nomotheismus zu identifizieren. Das entspricht aber völlig einem Panentheismus, den viele Theologen und Philosophen vertraten und den auch der Verfasser dieses Buches für zutreffend hält.«

Damit erweist Rensch seine Überzeugung von einer durchgehenden Evolution alles Irdischen, von der Erde im Weltall an über alles Lebende bis hin zum Menschen einschließlich der geistigen Entwicklung. Er distanziert sich vom Leib-Seele- Dualismus und vertritt einen psychophysischen Identitismus, d.h., für ihn sind die psychischen Hirnprozesse und ihre entsprechenden physiologischen Grundlagen durch die universalen gesetzartigen Prinzipien determiniert. Diese – und hier bezieht er auch die Ordnung im Universum mit ein – seien als Gegebenheiten und damit als etwas Irrationales anzusehen, das man göttlich verstehen könne. So bekennt sich Rensch zu einem *Nomotheismus, d.h. identifiziert Gott mit den Gesetzmäßigkeiten des Weltalls*, und zu einem *Panentheismus, d.h. sieht alles in der Welt als in Gott gegründet* an. Er ist sich aber auch darüber klar, daß dieser Gott etwas Unpersönliches ist.

Demgegenüber gibt Gerd Binnig, Physiker an der Universität München, der ebenfalls eine durchgehende Evolution von Raum, Materie, Leben und Intelligenz bejaht, auf

[6] B. Rensch, Probleme genereller Determiniertheit allen Geschehens, Verlag Paul Parey, Berlin und Hamburg 1988, S. 5. Dieses Buch enthält zu jedem Kapitel ein umfangreiches Literaturverzeichnis, das die Stellungnahme vieler Naturwissenschaftler gut wiedergibt.

die Frage nach einer möglichen Ursache für Evolutionen die überraschende Antwort: Kreativität von Natur und Mensch. Er schreibt[7]: »Kreativität haben wir als das Ermöglichen von Wirkungseinheiten oder, vielleicht noch etwas treffender, als die *Fähigkeit eines Systems zur Evolution* definiert. Im zweiten Kapitel tauchte quasi aus dem Nichts die Vermutung auf, daß die Mechanismen der Evolutionen immer wieder die gleichen sind. Wir fanden überall darwinistische Prozesse wie Reproduktion, Mutation und Auslese. Wir fanden überall den *Bausteincharakter* und *gezieltes Vorgehen*, das wir als ein *Selbstbeschränken eines Systems auf ein Feld von Möglichkeiten* definiert haben. Es fiel uns auf, daß die Evolutionen ineinandergeschachtelt sind und aufeinander aufbauen. Für geometrische Strukturen, die ineinandergeschachtelt, aufeinander aufbauend und einander ähnlich sind, gibt es einen relativ neuen mathematischen Begriff: das Fraktal. Wir wollen hier diesen Begriff auf Mechanismen und Wechselwirkungen übertragen und verallgemeinern und versuchen, damit Evolution zu beschreiben.« Während Rensch von einer strengen Gesetzmäßigkeit spricht, die das Evolutionäre durchweg beherrscht, lockert Binnig diese Strenge freundlicherweise auf und ersetzt das Göttliche in der Konzeption von Rensch durch eine der Natur innewohnende eigene Fähigkeit: das Kreative.

Schließlich gibt es Naturwissenschaftler, zu denen ich mich selber zähle, die zum Glauben an Jesus Christus gekommen sind und von einem persönlichen Gott wissen, wie ihn die Bibel bezeugt. Für mich war daher die Antwort auf die dritte Alternative mit diesem Gott gegeben, zugleich aber auch die Aufgabe, sein Wirken als Schöpfer von Weltall, Erde und Mensch – als der Mathematiker, der ich bin – naturwissenschaftlich zu überdenken. Wer bereit ist,

[7] G. Binnig, Aus dem Nichts. Über die Kreativität von Natur und Mensch, Verlag Piper, München und Zürich 1989, S. 143.

mir in bezug auf den Schöpfungsbericht dabei zu folgen, möge sich dieser Entscheidung anschließen, wenn er will mit Vorbehalt.

Vom Sein Gottes

Wenn von dem persönlichen Gott gesprochen wird, erheben sich naturgemäß neue Fragen. Gibt es ihn überhaupt? Gibt es nur einen? Wo gibt es ihn? Wo erfahre ich etwas über ihn? Um mit der letzten Frage anzufangen: Wenn wir auf den biblischen Schöpfungsbericht zugehen, sollten wir wohl die Bibel befragen, was es um Gott ist und wie sie die Fragen beantwortet. Dazu finden wir in ihr die Weisung (Hebr. 11,6): *Wer zu Gott kommen will, der muß glauben, daß er sei und denen, die ihn suchen, ein Vergelter sein werde.* Das besagt: Gewißheit über das Sein Gottes erhalten wir nur, indem wir im Vertrauen auf dieses Sein fest erwarten, daß er auf unser Vertrauen antwortet. Mit anderen Worten: Der Gott, den die Bibel bezeugt, ist nicht beweisbar. Über ihn ist nur Gewißheit a posteriori (nach gewagtem Vertrauen), nicht a priori (von vornherein) erreichbar.[8]

Im übrigen macht die Bibel deutlich, daß es Gott nicht so gibt, wie es die Menschen und die Dinge gibt. Ihr Grundzeugnis lautet: Gott *ist.* Und sie bezeugt weiter: *Es gibt keinen Gott außer ihm* (Jes. 45,21- 22). Es ist nur *ein* Gott, und dieses Sein bezeugt die Bibel, indem sie von der Hinwendung Gottes zu uns Menschen spricht, von seinem Handeln und Reden, das er Menschen zukommen läßt. Einen Beweis für Gottes Sein braucht sie nicht. Gott will nicht unsere Logik befriedigen, sondern setzt durch Offenbarung in Wort und Tat ein Verhältnis zu uns Menschen. Damit stiftet er eine Beziehung, und auf diese kommt es an.

Es ist nicht ohne Bedeutung, daß Gottes Offenbarung

[8] Ich verweise auf das Buch von E.C. Barrett, D. Fisher (Hrsg.), Gewißheit ohne Beweise, Brunnen Verlag, Basel und Gießen 1988.

im Orient geschah und daß er sich in Israel ein Volk des Nahen Osten aussuchte, dem er sich durch sein Wort offenbart hat. Im Orient geht es um ein vorphilosophisches Denken, das die Frage nach dem Sein nicht durchreflektiert und auch keine Veranlassung dazu sieht. Denn die Beziehung ist wichtig, nicht das Sein. Frau und Kinder *hat* man; nur darauf kommt es an, nicht daß sie *sind*. Wird ein Kind aus einer Familie ausgestoßen, etwa weil es den Glauben wechselte, so ist dieses Kind nicht mehr, weil die Beziehung zur Familie aufgehört hat.

So geht es im Zeugnis der Bibel vorrangig darum, von der Beziehung zu reden, in die der Mensch durch Gottes Offenbarung hineingestellt ist. Sie wird mit den Worten Schöpfer-Geschöpf oder Vater-Kind beschrieben und wirkt sich für den Menschen, der zum Glauben gekommen ist, aus in Sinnerfüllung des Lebens, in Geborgenheit und Frieden. Wollte man einen »Gottesbeweis« versuchen, so müßte er etwa lauten: Gott ist, denn es gibt Menschen, die ihm vertrauen aufgrund einer Beziehung, die er durch sein Wort gesetzt hat.

Es ist für die Bibel entscheidend wichtig, daß sie über Gott nur mit großer Ehrfurcht spricht. Sie bezeugt Gottes Wirken in der Welt, in Natur und Geschichte, aber sie tut es, ohne das Geheimnis zu lüften, das über seiner Person liegt. Und dies Geheimnis haben wir zu achten, wenn wir uns mit der Bibel befassen, und das schon deshalb, weil Gott als der ganz Andersartige für unser Denken völlig unbegreifbar ist (Psalm 147,5).

Noch ein weiteres ist zu beachten. Wenn von Gott als Person gesprochen wird, von seinem Willen, seinem Reden, seinem Handeln, seiner Macht, so ist nicht zu vermeiden, daß anthropomorphe Vorstellungen assoziiert werden. Man denkt sich Gott in Menschengestalt, etwa wie ihn Michelangelo auf den Deckengemälden der Sixtinischen Kapelle im Vatikan dargestellt hat. Doch muß betont werden, daß keine solche Vorstellung der Wirklichkeit Gottes entspricht. Jede gestaltmäßige Begrenzung Gottes macht seine Allgegenwart unmöglich und widerspricht auch der Aussage Jesu: Gott ist Geist. Wir dürfen von ihm nur deshalb in anthropomorpher Weise reden, weil die Bibel es tut und uns dadurch Gott nach seinem Willen vertraut werden lassen will. Wie wir als Naturwissenschaftler Modelle verwenden, um Unanschauliches, von dem wir sprechen, anschaulich zu fassen, aber stets wissen, daß wir nur ein Modell, nicht die Wirklichkeit selbst im Griff haben, so ist umso mehr der Gotteswirklichkeit gegenüber Scheu und Ehrfurcht vor dem Unzugänglichen zu wahren und trotz aller bildhaften Rede von dem Vater im Himmel zu beachten, daß damit keinerlei Gestalthaftigkeit ausgesagt wird. Gott hat mit Bedacht gefordert, daß wir uns von ihm kein Bildnis noch Gleichnis machen sollen (2. Mose 20,4).

Das wahre Weltbild

Die Frage, wo wir uns Gott denken dürfen, wird in der Bibel auf mehrfache Art beantwortet, wobei jedoch auch hier das Geheimnis bewahrt bleibt. Sie macht als erstes deutlich, daß Gott da war, bevor er die Welt schuf. Sie bezeugt ihn weiter als den, der in einem Lichte wohnt, da niemand zukommen kann, ferner als den Unsichtbaren, der aber »nicht fern von uns« ist, sondern uns »von allen Seiten umgibt« und in dem wir »leben, weben und sind«. Trägt man alles zusammen, was die Bibel in dieser Beziehung aussagt, so ergibt sich folgende Sicht: Außer der sichtbaren Welt, dem Weltall, das wir wahrnehmen und durchforschen, gibt es eine unsichtbare Welt, zu der wir Menschen keinen Zugang haben, von der wir aber wissen dürfen und an die wir uns im Glauben halten sollen.

Paulus schreibt (2. Kor. 4,18): *Wir sehen nicht auf das Sichtbare, sondern auf das Unsichtbare. Denn was sichtbar ist, das ist zeitlich* – hat einen Anfang und wird einmal ein

Ende haben –, *was aber unsichtbar ist, das ist ewig.* Dies Unsichtbare ist die dem Menschen (noch) nicht sichtbare Wirklichkeit, in der Gott lebt; sie ist – wie Gott – ungeschaffen und ewig. Daß wir auf etwas Unsichtbares sehen sollen, ist biblisches Paradoxon. Es läßt uns erkennen, daß menschliche Sprache Gottes Geheimnisse nicht immer veranschaulichen kann. Der Bibel ist zu entnehmen, daß sich im Unsichtbaren das Reich des Lichtes, der Himmel, befindet, in dem mit Gott auch Jesus Christus, der Auferstandene, und die Engel als die guten Geister sind. Im Unsichtbaren ist auch das Reich der Finsternis mit der Hölle und mit Satan, Teufeln und Dämonen als den bösen Geistwesen.

Wichtig ist, wie man sich das gegenseitige Verhältnis von Sichtbarem und Unsichtbarem denkt. Es ist weder ein Übereinander noch ein Umeinander, wie Menschen sich das oft in Weltbildern vorgestellt haben. Die Weltsicht der biblischen Offenbarung für das Ganze der Wirklichkeit, auf die wir Menschen bezogen sind, ist vielmehr ein *Ineinander der beiden Wirklichkeiten.* Die unsichtbare Welt durchdringt die sichtbare überall. Das ist anschaulich nicht mehr zu vollziehen. Beide Wirklichkeiten lassen sich unterscheiden, aber nicht scheiden. Sie liegen *ungetrennt* und *unvermischt* ineinander. Ungetrennt bedeutet: völlig miteinander verwoben. Unvermischt besagt: völlig voneinander geschieden. Nur so paradox ist das wirkliche Weltbild der Bibel zu beschreiben.

Aber man erhält diese Sicht bereits zu Beginn der Bibel als etwas Selbstverständliches, wenn man bedenkt, daß Gott in das immer vorhandene (ewige) Unsichtbare hinein durch die Schöpfung das Sichtbare, das Weltall, setzt. Denn das Geschaffene hat zweifellos nicht die Fähigkeit, das ewige Unsichtbare zu verdrängen. Es wird vielmehr vom Unsichtbaren, das unendlich weit über das endlich ausgedehnte Sichtbare hinausreicht, durchdrungen. Das ist die Sicht, die in verborgener Weise der Offenbarung Gottes innewohnt und die die Bibel immer wieder bezeugt.

Meist wird die sogenannte Stockwerksvorstellung – Himmel, Erde und Hölle übereinander liegend – als Weltbild der Bibel bezeichnet. Das ist aber nicht richtig. Diese naive Sicht ist das Weltbild der Verfasser der biblischen Bücher. Denn sie haben zur Zeit des antiken Weltbilds gelebt und von daher formuliert. Gott aber, der die Welt geschaffen hat, weiß, wie die Welt aussieht, und gibt uns in seiner Offenbarung keine Sicht, die von der Wissenschaft widerlegt werden konnte. Sein Wort ist wahr. Deshalb konnte auch das naturwissenschaftliche Weltbild der Neuzeit mit seinen Absolutheitsvorstellungen von Raum, Zeit, Materie, Naturgesetz vor ihm nicht bestehen. Er hat der Naturwissenschaft im 20. Jahrhundert die Fähigkeit gegeben, ihr allgemein anerkanntes Weltbild ebenso abzulegen, wie sie im 16. und 17. Jahrhundert das naive Weltbild hat zerstören dürfen. Die moderne Naturwissenschaft gibt überhaupt kein Weltbild mehr, sondern nur ein Naturbild, d.h. eine exakte Beschreibung allein des Sichtbaren, wie es von ihr erforscht wird. Dabei bleiben viele Fragen offen, für die man Antwort von einem Weltbild erwartet.[9]

Menschenwort oder Gotteswort?

Wer die beiden ersten Kapitel der Bibel, die von der Schöpfung handeln, aufmerksam liest, wird sich über manches wundern. Vor allem ist die Ausdrucksweise einerseits eindrücklich und von dichterischer Schönheit, andererseits aber recht naiv und zeitbedingt. Man meinte daraus schließen zu müssen, daß am Anfang der Bibel nur menschliche Weisheit zum Ausdruck komme, entsprechend dem Erkenntnisstand zur Zeit ihrer Abfassung.

Dieser Ansicht, die hier schon am Anfang anklang, stelle ich die These gegenüber, daß bereits die ersten Kapitel

[9] Näheres in: H. Rohrbach, Naturwissenschaft, Weltbild, Glaube, 12. Aufl., R. Brockhaus Verlag, Wuppertal 1986.

der Bibel auf göttliche Offenbarung zurückgehen. Man denke daran, wie Gott sich Menschen offenbart. Die prophetischen Bücher des Alten Testaments machen das deutlich. Sie gebrauchen dafür sehr bezeichnende Wendungen, z.B.: Dies ist die Offenbarung, die Jesaja *geschaut* hat (Jes. 1,1) oder: Es *geschah* das Wort des Herrn zu Jeremia (Jer. 1,2) oder: Die Hand des Herrn *kam* über Hesekiel (Hes. 1,3). Es geht jedesmal um einen überwältigenden Vorgang. Gott beruft einen Menschen im alten Volk Israel zu seinem Propheten, indem er ihn als seinen persönlichen Boten beschlagnahmt, der Botschaften zu übermitteln hat (vgl. auch 1. Sam. 3). Diese Botschaften werden dem Propheten in Gesichten gezeigt (Visionen) oder in Worten zugesprochen (Auditionen). Meist wehren sich die Propheten gegen die Berufung, weil sie sich in ihrer Menschlichkeit nicht zutrauen, die Visionen richtig zu deuten, die Auditionen voll zu behalten und das eine wie das andere in der Verantwortung vor Gott wahrheitsgemäß weiterzugeben. Diese Verantwortung drückt sie wie eine Last, so daß es sogar heißen kann: Dies ist die *Last*, die der Prophet *geschaut* hat (Hab. 1,1).

Es ist nun meine feste Überzeugung, daß die ersten Kapitel der Bibel auf Prophetie zurückgehen, d.h. als *rückschauende Prophetie* zu verstehen sind, die in Auditionen und Visionen gegeben wurde. Wie das letzte Buch der Bibel, die Offenbarung des Johannes, eine prophetische Schau in die Zukunft darstellt, so liegt mit dem Anfang der Bibel eine prophetische Schau in die Vergangenheit vor, die Gott einem oder mehreren Männern in Israel als Propheten geschenkt hat. Damit zeichnet sich ein Aufbau der biblischen Bücher Alten und Neuen Testaments ab, der in seiner Ausgewogenheit für sich spricht. Die rückschauende Prophetie bringt Geschehnisse, die Gott hat schauen oder hören lassen, bei deren Wiedergabe durch die Propheten jedoch zu berücksichtigen ist, daß sie von Menschen berichtet werden, die von *ihrem* Weltbild her, nach *ihrem* Erkenntnisstand und mit den *ihnen* möglichen Begriffen formuliert haben. Das hindert aber nicht, daß alles, was sie gesehen und gehört haben, wahr ist. Der Schöpfer selbst war bei der Schöpfung dabei und gibt mit den Mitteln rückschauender Prophetie davon Bericht.

Die Alternative »Menschenwort oder Gotteswort« ist also dahin aufzulösen, daß man die Berichte der Bibel als »Gotteswort in Menschenwort« versteht, d.h. als göttliche Offenbarung in zeitbedingten menschlichen Formulierungen. Damit wird uns, die wir heute die Bibel lesen, die Aufgabe gegeben, die damals aufgenommenen prophetischen Bilder und Worte in ihrem Wahrheitsgehalt von *unserem* Weltbild her, nach *unserem* Erkenntnisstand und mit den *uns* möglichen Begriffen aufzuschlüsseln und auszulegen. Das bedeutet, wir dürfen unser derzeitiges, immer auch vorläufiges Wissen über die Entstehung der Welt und das Werden des Menschen bei der Auslegung des Schöpfungsberichts mit heranziehen. In Anlehnung an Jesu Wort (Matth. 22,21), als Pharisäer ihn fragten, ob man dem Kaiser Steuern zahlen solle: Gebt dem Kaiser, was des Kaisers ist, und Gott, was Gottes ist, könnte also die Aufgabe der Bibel gegenüber so zu formulieren sein: Gebt der Wissenschaft, was der Wissenschaft ist, und Gott, was Gottes ist.

Ich schließe mit dem Wort Gottes (Hebr. 11,3): *Durch den Glauben erkennen wir, daß die Welt durch Gottes Wort gemacht ist, so daß alles, was man sieht, aus nichts geworden ist.* Das bedeutet: Auch der Glaube ist ein Erkenntnisorgan. Ist uns der Verstand zum Erkennen des Sichtbaren gegeben, so der Glaube zum Erkennen des Unsichtbaren. Und beides zusammen dürfen wir einsetzen zum Erkennen des Wortes Gottes.

2. Richtlinien für die Auslegung

Die Motivation

Es mag anmaßend erscheinen, daß ich als Naturwissenschaftler eine Auslegung des biblischen Schöpfungsberichts vorlege. Das bedeutet keineswegs eine Mißachtung oder Geringschätzung von theologischer Forscherarbeit. Ich habe mein persönliches theologisches »Studium« als Autodidakt seit den 50er Jahren mit großer Freude betrieben. Die beiden Göttinger Bibelwerke »Das Alte Testament Deutsch« und »Das Neue Testament Deutsch« (ATD bzw. NTD) waren neben vielem anderem, vor allem eingehenden Gesprächen mit Kollegen aus Theologischen Fakultäten, die Grundlage. Daher ist mir auch die theologische Beurteilung der biblischen Urgeschichte – von der Priesterschrift und dem Jahwisten gestaltet – gut bekannt. Im ATD, Band 2/3, hat sie Gerhard von Rad, auch für Nichttheologen verständlich, hervorragend dargestellt.

Für die hier gegebene Auslegung verzichte ich aber auf eine Berücksichtigung der Quellenscheidung. Wie im vorangehenden Kapitel ausgeführt, gehe ich von einer rückschauenden Prophetie und damit von der Gewißheit aus, daß wir in der Bibel Gotteswort in Menschenwort gefaßt vor uns haben, das jeden Menschen unbedingt angeht und dem sich deshalb auch jeder zuwenden darf. Dafür, daß sich die sogenannten zwei Schöpfungsberichte (1. Mose 1,1-2,4a = Priesterschrift und 1. Mose 2,4b-25 = Jahwist) stilistisch und inhaltlich stark unterscheiden, genügt es mir anzunehmen, daß hier Berichte von zwei der Propheten vorliegen, denen sich Gott offenbart hat. Wie ich später im Zusammenhang ausführen werde, handelt es sich jedoch für mich nicht um zwei Schöpfungsberichte, sondern nur um einen: die Darlegung in 1. Mose 1,1-2,4a, und um eine Ergänzung dazu: die Darlegung in 1. Mose 2,4b-25, die Erläuterungen für die Erschaffung des Menschen gibt. Der

Redaktor, der die verschiedenen Berichte zusammengefaßt hat, hat gewiß von der Beziehung beider zueinander gewußt.

Für mich als Naturwissenschaftler war der biblische Schöpfungsbericht seit meinem eingehenden Studium der Bibel naturgemäß von besonderem Interesse. Eine erste Stellungnahme wurde 1955 publiziert. Den eigentlichen Anlaß dazu, ebenso für gelegentliche weitere Veröffentlichungen zum Thema bis hin zu dem vorliegenden Buch gab jedoch eine Bemerkung von Gerhard von Rad in seinem ATD-Kommentar, Band 2/3. In den allgemeinen Vorbemerkungen geht er auf die hohe Geistigkeit der Vätergeschichten und auf die Frage nach ihrer Geschichtlichkeit ein. Abschließend stellt er klar heraus: »Die liberale praktische Theologie hat sich seinerzeit die dadurch entstandene Frage längst beantwortet: Sie hat diese Erzählungen als novellistische Einkleidungen allgemeiner religiöser Wahrheiten genommen. Diese im praktischen Unterricht heute noch weitverbreitete Erklärungsweise kann nicht nachdrücklich genug bekämpft werden. Aber die Theologie hat bis heute eine (von der Gemeinde dringend erwartete!) bessere Antwort noch nicht gegeben.«[10]

Wenn diese Feststellung weiter zutrifft, warum sollte dann nicht auch ein Naturwissenschaftler den Versuch einer Auslegung machen in der Hoffnung, daß damit für die Gemeinde eine »bessere Antwort« gegeben wird? Ausgangspunkt ist für mich, wie auch für Gerhard von Rad, daß Gott, der Herr, sich das alte Volk Israel als sein Gegenüber erwählt hat, um sich durch sein Handeln an ihm, am Einzelnen wie am Volk als Ganzem, und mit der Offenbarung durch sein Wort als *der Gott für alle Menschen* zu erweisen. So bringt er es bei der Berufung Abrahams deut-

[10] Gerhard von Rad, Das erste Buch Mose, Kapitel 1-25,18 in: Das Alte Testament Deutsch, Band 2/3, Vandenhoeck & Ruprecht, Göttingen 1952, S. 30.

lich zum Ausdruck: »In dir sollen gesegnet werden alle Geschlechter auf Erden« (1. Mose 12,3). Dies ist das Ziel, das die Bibel durch und durch prägt.

Die diskursive Logik

Wie aber kann die so ganz andersartige Wirklichkeit Gottes in angemessener Weise theologisch oder glaubensmäßig wiedergegeben werden? Bei jedem denkerischen Bemühen zeigt es sich immer wieder, daß wir von einer Subjekt-Objekt-Haltung im Erkennen vorgeprägt sind, die durch die sogenannte Descartessche Spaltung in eine res cogitans – das denkende Subjekt – und eine res extensa – das Objekt, über das nachgedacht wird – verursacht ist. Die Denkweise von Descartes setzt voraus, daß wir als Wissenschaftler in einer uns unberührt lassenden Weise einen Gegenstand erkennen können, wie er *an sich* ist.

Diese philosophische Erkenntnistheorie, die bereits seitens der Physiker beim Erforschen mikrophysikalischer Sachverhalte aufgegeben werden mußte, versagt auch völlig, wenn sie auf Gott und sein Wirken angewendet wird. Schon die dialektische Theologie, insbesondere Karl Barth, betonte, daß Gott kein Objekt unserer Erkenntnis ist. Über ihn können wir nicht unbeeinflußt und unter Absehen von uns selbst nachdenken noch zutreffende Aussagen erarbeiten. Gott sei stets der »ganz Andere«, eine lebendige, machtvolle, dynamische Wirklichkeit, die den Menschen, der ihr echt begegnet und sie erkennen will, nicht unverändert läßt. Man kann nicht sozusagen »abstrakt« über Gott reden. Aussagen über Gott werden erst wahr, wenn sie als Beziehungsaussagen gefaßt werden, wenn also der, dem sie gelten, durch sie sich selber mitteilt.

Mir selbst ging, als ich zum Glauben gekommen war, vieles nur schwer ein, was über Gott und sein Handeln in Natur und Geschichte in der Bibel ausgesagt wird. Wer an ein exaktes Denken als Wissenschaftler gewöhnt ist, versucht selbstverständlich, mit der üblichen diskursiven Logik auch das Wesen Gottes und seine Offenbarung zu verstehen. Solange er dabei persönlich distanziert bleibt oder bleiben will, wird es ihm nicht gelingen. Denn diese Logik ist zur Gotteserkenntnis völlig ungeeignet. Es wird uns nicht ohne Grund gesagt, daß Gott unbegreifbar ist (Ps. 147,5). Immer wieder stößt man mit dem rein rationalen Denken auf Widersprüche beim Studium der Bibel. Den Weg, auf dem ich über diese grundsätzliche Schwierigkeit hinweggeführt worden bin, möchte ich im folgenden aufzeigen. Dazu stelle ich den Grundprinzipien des bisherigen Denkens die des neuen Denkens gegenüber und erläutere sie an einigen wichtigen Aussagen des christlichen Glaubens.

Die Hauptkategorien des logisch-diskursiven Denkens, mit dem Wissenschaftler bis in dieses Jahrhundert hinein gearbeitet haben und arbeiten – jedenfalls im Abendland und in den von ihm beeinflußten Regionen – gehen auf den griechischen Philosophen Aristoteles zurück. Es handelt sich im wesentlichen um drei Kategorien:

a) *Der Satz vom Widerspruch,* d.h. wenn eine Annahme durch logisch einwandfreie Schlüsse zu einem Widerspruch geführt werden kann, kann diese Annahme nicht richtig gewesen sein. In der Mathematik ist dies das Prinzip des indirekten Beweises.

b) *Der Satz vom zureichenden Grunde,* d.h. jede Wirkung muß eine Ursache haben, nichts geschieht ohne Grund. In der klassischen Physik hat man damit das Kausalprinzip begründet, die Determiniertheit allen Naturgeschehens: Alles, was in der Natur geschieht, ereigne sich nach festen, unumstößlichen Gesetzen, und sowohl Ursache wie Wirkung gehören der Natur, dem Universum an.

c) *Der Satz vom ausgeschlossenen Dritten,* d.h. ein Sachverhalt ist entweder so oder nicht so, ein Drittes gibt es nicht. Sollte ein Naturvorgang entgegengesetzte Eigenschaften zugleich aufweisen, also ein »Sowohl-als auch« gelten, so würde er sich selbst aufheben.

Diese drei Denkkategorien beherrschten das philosophische Denken des Abendlandes und wurden mit der Aufklärung auch Grundlage jeder wissenschaftlichen Forschung. In der Auseinandersetzung mit der christlichen Kirche und ihrem Glauben kam es seitens des mündig gewordenen Menschen immer mehr zu dem Anspruch, daß auch die Vorstellungen über Gott von den allgemein anerkannten Denkkategorien aus verständlich zu sein haben. Und weil das nicht möglich war, da für das logisch- diskursive Denken die Bibel zahlreiche Widersprüche aufweist, breitete sich im christlichen Abendland weithin der Unglaube aus. Einige Beispiele werden nachstehend zur Veranschaulichung und zum Durchdenken gegeben.

Angeblich biblisch Unzulängliches

Als Beispiel zu a) (Satz vom Widerspruch) nenne ich den für viele Menschen offensichtlichen Gegensatz zwischen Gottes Allmacht und dem freien Willen des Menschen. Man kam zu der Überzeugung: Ein freies Handeln des Menschen sei mit Gottes Handeln unverträglich. Ich zitiere[11]: Baruch de Spinoza (1632-1677) sagte: »Nicht nur die menschliche Freiheit, sondern überhaupt jedes geschöpfliche ›Neben‹ ist eine Antastung der Gottheit Gottes und deshalb undenkbar.« Johann Gottlieb Fichte (1762-1814) meinte: »Eine Schöpfung läßt sich gar nicht ordentlich denken – das, was man wirklich denken heißt. Das Setzen einer Schöpfung ist das erste Kriterium der Falschheit, das Ableugnen einer Schöpfung das erste Kriterium der Wahrheit.« Nach Ludwig Feuerbach (1804-1872) gilt: »Die Gottheit Gottes kann kein freies menschliches Subjekt neben sich dulden.« Nicolai Hartmann (1882-1950) betonte: »Göttliche Lenkung der Welt hebt jede freie Aktion in der

[11] Näheres in H. Gollwitzer, Die Existenz Gottes im Bekenntnis des Glaubens, Kaiser Verlag, München 1963, S. 78.

Welt auf; menschliches Handeln ist nur in einer nicht-teleologischen Welt möglich.« Und Ernst Bloch (1885-1965) formulierte: »Wo der große Weltherr ist, hat die Freiheit keinen Raum, auch nicht die Freiheit der Kinder Gottes. Eine Entbindung menschlicher Aktivität gibt es daher überhaupt nur durch Atheismus.«

Der Widerspruch zwischen der Existenz eines allmächtigen Gottes und der Freiheit des Menschen kann sowohl im Namen der Gottheit Gottes (Spinoza, Feuerbach) wie auch im Namen der Menschlichkeit des Menschen (Fichte, Hartmann, Bloch) behauptet werden. In jedem Fall ist das Gegenüber von Gott und Mensch ein Ärgernis und mit einem philosophischen Verständnis von Gott nicht zu vereinen. Und so ergibt sich – vermeintlich einwandfrei – der Schluß: Da der Mensch *ist*, kann logischerweise Gott nicht sein.

Der Christ ist bereit, im Glauben die Alternative auszuhalten: Er bekennt die eine Wirklichkeit, das Sein Gottes, und die andere Wirklichkeit, das Sein der Welt. Er bekennt darüber hinaus die durch das Vorhandensein der Schöpfung und des Menschen nicht angetastete Gottheit Gottes und die durch Gottes Gnade nicht aufgehobene, sondern gerade erst ermöglichte Menschlichkeit des Menschen. Damit ist dem christlichen Glauben eine große Aufgabe auch denkerischer Art gestellt.

Als Beispiel zu b) (Satz vom zureichenden Grunde) weise ich auf die biblischen Wunderberichte hin, die vielen denkenden Menschen als naturwissenschaftlich unmöglich erscheinen. Da soll ein Meer von einer gewaltigen Menschenmenge trockenen Fußes durchquert worden sein. Die Sonne habe einen Tag lang still gestanden. Kranke seien spontan geheilt und sogar Tote auferweckt worden. Ein Mensch sei über Waser gegangen, ohne unterzusinken. Bei einer Hochzeit sei Wasser in Wein verwandelt worden. Wenn diese und viele andere von der Bibel geschilderten Ereignisse wahr sein sollten, müßten ja Naturgesetze durchbrochen worden sein, und das ist undenkbar. Für so merkwürdige Geschehnisse könne es, wie man meint, keine naturwissenschaftliche Erklärung geben. So läßt das Kausalgesetz den Glauben an die Möglichkeit von Wundern einfach nicht zu.

Als Beispiel zu c) (Satz vom ausgeschlossenen Dritten) bringe ich das oft unbegreifliche Nebeneinander von Zorn und Liebe im Wesen Gottes. Wie kann ein Gott der Liebe so viel Leid und Ungerechtigkeit auf der Erde zulassen! Wie kann er, auch wenn er den Menschen zürnt, Millionen von Menschen umkommen und unschuldige Kinder mißhandelt werden lassen, ohne einzugreifen! Nein, das widerspricht doch vollkommen der Liebe! Und setzt man den Gedanken fort, so kommt man zu folgender Gegenüberstellung: Auf der einen Seite, vorwiegend nach dem Alten Testament, ist Gott der heilige, unnahbare, gerechte, richtende, ja rächende Gott, der für die Nichtachtung seiner Heiligkeit und Majestät Sühne fordernde Gott, Sühne durch Blut. Und auf der anderen Seite, vorwiegend nach dem Neuen Testament, ist er der gnädige Gott, der barmherzige, liebende, Menschen suchende, sich erniedrigende, auf die Erde herabkommende Gott, der selbst die Sühne vollbringt. Ja, was gilt nun von ihm? Ist er von der einen oder von der anderen Art? Dem Satz vom ausgeschlossenen Dritten zufolge könnte er nur der eine, der zornige und rächende Gott sein *oder* der andere, der liebende und barmherzige Gott. Beides zugleich – unmöglich!

Die Beispiele zeigen, daß die Denkweise, die seit Aristoteles dem abendländischen Denken und wissenschaftlichen Forschen innewohnt, gänzlich ungeeignet ist, die Aussagen über Gott auch nur annähernd zu erfassen. Die Bibel läßt uns wissen, daß der persönliche Gott Abrahams, Isaaks und Jakobs, der Gott des Alten Testaments, und der Vater Jesu Christi, der Vater im Himmel für die, die an ihn glauben, einundderselbe Gott ist. Wenn das unbegreiflich erscheint, so wird damit nur Gottes Wort bestätigt. Er sagt

(Jes. 55,8-9): *Meine Gedanken sind nicht eure Gedanken, und meine Wege sind nicht eure Wege, spricht der Herr, sondern so viel höher der Himmel ist als die Erde, so sind meine Wege höher als eure Wege und meine Gedanken höher als eure Gedanken.*

Das neue wissenschaftliche Denken

In diesem 20. Jahrhundert hat Gott aber den exakten Naturwissenschaftlern, den Physikern und den Mathematikern, tiefere Erkenntnis im Bereich der Mikrophysik und der Grundlagen geschenkt, die dazu führte, dem bisherigen logischen Denken dort den Abschied zu geben, wo ein neues wissenschaftliches Denken erforderlich ist.

- Der Satz vom Widerspruch wird dabei ersetzt durch den Begriff der *Nichtobjektivierbarkeit.* Damit wird eine Abkehr vom verabsolutierenden Denken vollzogen.
- Der Satz vom zureichenden Grunde wird ersetzt durch den Begriff der *Kontingenz.* Damit wird dem deterministischen Denken der Abschied gegeben.
- Der Satz vom ausgeschlossenen Dritten wird ersetzt durch den Begriff der *Komplementarität.* Damit wird das alternative Denken aufgegeben.

Im Bereich der Makrophysik reicht das von Aristoteles begründete Denken natürlich nach wie vor aus. Nur im Bereich der Mikrophysik sind die Denkkategorien angebracht, die auf den neuen Begriffen aufbauen. Von ihnen aus können jedoch auch Erkenntnisse der Makrophysik einen tieferen Sinn erhalten. Ebenso kommt man im alltäglichen Leben noch mit dem logisch-diskursiven Denken aus. Dennoch sollte man sich mit dem neuen Denken auch im Alltag anfreunden. Denn für alle Probleme vom Sinn des Menschseins, vom Ziel des Lebens und für alle Fragen des christlichen Glaubens ist es im Unterschied zu anderen Lebensanschauungen von großer Hilfe. Ich gebe vorweg die notwendigen Erklärungen.

a) Der Begriff der *Nichtobjektivierbarkeit* besagt, daß eine Aussage, die in einem bestimmten Beobachtungszusammenhang gewonnen wurde, nicht verobjektiviert werden, d.h. d.h. nicht von diesem Beobachtungszusammenhang abgelöst werden darf. Wenn z.B. ein Lichtstrahl in einem Experiment (etwa zur Beugung oder Interferenz) als ein *Wellenvorgang* erkannt wurde, darf man nicht schließen, das Licht habe *an sich* Wellennatur, unabhängig von der Beobachtung. Richtig ist nur, daß der Lichtstrahl im beobachteten Zusammenhang objektiv ein Wellenvorgang war. Derselbe Lichtstrahl kann anschließend einem anderen Experiment unterworfen werden (etwa zum lichtelektrischen Effekt mit Absorption und Emission) und erweist sich dabei als *Teilchenerscheinung*, als eine Geschoßgarbe aus Lichtquanten, den Photonen. Dann darf man wiederum nicht schließen, das Licht sei *an sich* eine Teilchenerscheinung. Richtig ist wiederum nur, daß derselbe Lichtstrahl in dem anderen beobachteten Zusammenhang objektiv eine Teilchenerscheinung war. Nach einem An-sich-sein zu fragen (dem Sein des Lichtes im unbeobachteten Zustand), hat naturwissenschaftlich keinen Sinn; denn eine Antwort ist nur aufgrund von Beobachtung möglich. Dann aber läßt sich die Seinsfrage nur im Zusammenhang mit *dem* Experiment beantworten, mit dem die Frage gestellt wird.

Erkenntnistheoretisch bedeutet Nichtobjektivierbarkeit, daß man jede Aussage über einen Vorgang nur als Aussage über die Erkenntnis von diesem Vorgang versteht. Während die klassische Logik mit dem Satz vom Widerspruch *zeitlose* Widersprüche nicht gelten läßt, geht es der Nichtobjektivierbarkeit um Widerspruchsfreiheit zwischen *zeitabhängigen* Aussagen. Die Beobachtungen werden in aufeinander folgenden Experimenten gewonnen. Erst bei Ablösung vom Zusammenhang kommt es zu einem (zeitlosen) Widerspruch und damit zu einem Gegensatz innerhalb der diskursiven Logik.

Mit dem Prinzip der Nichtobjektivierbarkeit wenden wir uns von einem *verabsolutierenden* Denken ab, das da meint, die Welt und in ihr die Natur sei uns als abgeschlossenes System verfügbar und der Mensch sei ein autonomes Wesen. Die Versuchung zu verabsolutieren ist groß. Man denke an das Problem von der Allmacht Gottes und dem freien Willen des Menschen. Da wird schon mit der Fragestellung objektiviert, indem der Mensch aus seiner Beziehung als Geschöpf vor Gott herausgelöst und autonom gedacht wird. Jede so verabsolutierende Betrachtung setzt Gott und den Menschen als gleichwertige Partner. Gewiß, Gott ist absolut, nicht aber der Mensch. Er kann durchaus gegen den Willen Gottes handeln und damit sündigen.

b) Der Begriff der *Kontingenz* besagt, daß ein Naturgeschehen nicht notwendig vom Vergangenen ableitbar ist, daß es gewissermaßen spontan, zufallsbedingt, ohne erkennbare Ursache geschieht. Das Naturgeschehen zerfällt in gesetzmäßig ablaufende Vorgänge, die Naturgesetzen unterliegen, und in kontingente Ereignisse, die ohne natürliche (immanente) Ursache sind. Diese sind nicht etwa die Ausnahme, sondern kennzeichnen das eigentliche Geschehen, aus dem die Naturgesetze erst resultieren. Kontingenz als solche ist da, gleichgültig, ob sie sich in ein System von Naturgesetzen einordnen läßt oder nicht. Ein kontingentes Ereignis kann durchaus ohne kausale Einordnung bleiben; das tut seinem Ereignischarakter keinen Abbruch. Ein konkretes Beispiel ist der radioaktive Zerfall, bei dem man weiß, daß nach einer bestimmten Zeit die Hälfte der ursprünglich vorhandenen radioaktiven Atome in Blei oder Wismut zerfallen ist, ohne daß man gesetzmäßig angeben könnte, *welche* Atome, *warum* und *wann* sie zerfallen. Ein anderes Beispiel sind die Sprünge der Elektronen von einer Schale des Atoms in eine andere, ohne daß man vorhersagen könnte, *welches* Elektron *wann* und in *welche Schale* springt.

Mit dem Wissen um die grundsätzliche Kontingenz allen Naturgeschehens verzichten wir auf jeden *Determinismus,* der die Naturwissenschaft lange beherrscht hat oder ihr zugeschrieben wurde.[12] Das bedeutet positiv eine große Offenheit zur Zukunft, eine Offenheit über jede endliche Situation hinaus. Es zeigt auch die Gerichtetheit der Zeit vom Faktischen (Vergangenheit) über das Wirkliche (Gegenwart) zum Möglichen (Zukunft). Mit dem Verzicht auf Determiniertheit werden die in der Bibel berichteten Wunder denkmöglich. Um ein Wunder zu wirken, braucht Gott kein Naturgesetz zu durchbrechen. Er hat die Schöpfung von Anfang an so angelegt, daß er im Rahmen des Naturgeschehens seine Wunder tun kann. Gott ist nicht seinen eigenen Gesetzen unterworfen. Ein Wunder wird von ihm durch sein Wort gewirkt, aus dem Unsichtbaren in das Sichtbare hinein, d.h. durch ein kontingentes Ereignis. Es vollzieht sich im makrophysikalischen Bereich, die Wurzeln aber liegen – wie bei jedem Naturgeschehen – im mikrophysikalischen Bereich. Da Kontingenz nicht notwendig vom Vergangenen ableitbar ist, ist Gottes auslösendes Wort nicht erkennbar (sachlich richtiger ist die umgekehrte Reihenfolge). Jedenfalls will Gott nicht erkennbar oder nachweisbar sein. Er will auf sein Wort hin geglaubt sein. Wer will, soll ihn und seine Wunder ableugnen können.

c) Der Begriff der *Komplementarität* besagt, daß einem physikalischen Vorgang bzw. Phänomen zwei Eigenschaften bzw. Seinsweisen zuzuordnen sind, die sich ergänzen, indem sie sich ausschließen, d.h. widersprechen. Der Lichtstrahl z.B., der in *einem* Experiment ein Wellenvorgang, in dem *anderen* Experiment eine Teilchenerscheinung ist, hat

[12] Man bedenke in diesem Zusammenhang die im 1. Kapitel zitierten Ausführungen von Bernhard Rensch, die völlig vom Determinismus beherrscht sind.

daher sowohl die Seinsweise ›Welle‹ wie auch die Seinsweise ›Teilchen‹. Beides ist experimentell erhärtet, und beides schließt sich gegenseitig aus. Jahrhundertelang haben sich die Physiker gestritten – solange sie am Satz vom ausgeschlossenen Dritten festhielten –, welche Auffassung die richtige sei. Sie meinten natürlich, Licht könne doch nur *eine* Seinsweise haben, entweder als Wellenvorgang oder als Teilchenerscheinung. Erst in diesem Jahrhundert wurde erkannt – Niels Bohr hat die Denkkategorie der Komplementarität geschaffen –, daß dem Licht *beides* zukommt, die eine *und* die andere Seinsweise, je nach dem Experiment, das man anstellt. Dem (zeitlosen) Widerspruch entgeht man nur durch die Nichtobjektivierbarkeit.

Mit dem komplementären Denken lösen wir uns vom *alternativen* Denken, das nur ein Entweder-Oder kennt. Komplementarität bedeutet in einem klar definierten Sinn ein Sowohl-Als auch. Die neuen Denkkategorien sind kein Produkt der Spekulation oder der Phantasie. Sie sind den Forschern im Zuge der mikrophysikalischen Untersuchungen zwangsläufig zugewachsen. Sie sind sachlich notwendig, aber auch ausreichend, um das Geschehen im Bereich der Mikrophysik angemessen beschreiben und vom Geschehen im Bereich der Makrophysik begrifflich unterscheiden zu können. Natürlich ist Gott auch mit dem neuen Denken nicht zu begreifen. Doch werden durch das neue Denken dem suchenden und fragenden Menschen viele Denkhindernisse für den Glauben hinweggeräumt.

II. Der Schöpfungsbericht

3. Der Anfang des Schöpfungsberichts

Die Grundlage

Mit dem Vorstehenden habe ich die Grundvoraussetzungen zusammengefaßt, von denen aus die Auslegung des Schöpfungsberichts erfolgen soll. Es ist als erstes der Begriff der *rückschauenden Prophetie,* mit dem auch die ersten Kapitel der Bibel als offenbartes Gotteswort verstanden werden können. Es ist weiter das *eigentliche Weltbild der Bibel* – die Sicht des Ineinanderliegens der beiden Wirklichkeiten, auf die wir Menschen bezogen sind, des Sichtbaren und des Unsichtbaren, und mit ihnen die Existenz von Himmel (= heaven) und Hölle im Unsichtbaren. Beide Voraussetzungen beinhalten bereits, daß es nur wenig bringt, an die Bibel mit rein menschlichen, rationalen Vorstellungen heranzugehen und damit vom Menschen her auf Gott hin zu denken. Da läuft man Gefahr, lediglich theistischen Gottesbegriffen anheimzufallen. Die Einstellung des Menschen dem wahren Gott gegenüber als dem *einen* Herrn über alles hat die von Gott gesetzte *Beziehung zwischen Gott und dem Menschen und der Welt* zu beachten. Sie kann daher nur Anerkennung und Beugung sein, die sich in Anbetung, Lobpreis und Dank ausweisen. So ist auch der Bibel gegenüber als dem Worte Gottes eine echte Beugung angemessen und fruchtbar, die dazu führt, von dem einen Gott her auf den Menschen hin zu denken, der sich der Bibel zuwendet.

Deshalb ist die dritte Voraussetzung für die hier gegebene Auslegung das *neue wissenschaftliche Denken* mit den Begriffen der Komplementarität, der Kontingenz und der Nichtobjektivierbarkeit. Sie sind nicht spezifisch naturwissenschaftliche, sondern erkenntnistheoretische Kategorien. Als solche wende ich sie auch der Bibel gegenüber an, da sie nach meiner Erfahrung ein dem heutigen Erkenntnisstand angemessenes und wirksames Rüstzeug dafür sind. Wissenschaftliche Erforschung der Natur in ihrer Tiefe – dessen, was »die Welt im Innersten zusammenhält« – erforderte eine Beugung der Forscher vor der Wirkungsweise im Naturgeschehen, die in ihrer Andersartigkeit von dem herkömmlichen wissenschaftlichen Denken nicht erfaßt werden konnte. Deshalb sahen sich die Forscher nach viel Widerstand bei sich selbst gezwungen, eine neue Denkweise anzunehmen, die nach und nach vom Naturgeschehen her erarbeitet wurde. Aber sie haben sie erst angenommen, nachdem sie sie auf ihre Richtigkeit hin eingehend erprobt hatten.

Ist man nun bereit, davon auszugehen, daß der Gott, der die Welt geschaffen hat, und der Gott, der sich in seinem Wort offenbart, der gleiche Gott ist, so sollte man bereit sein anzunehmen, daß von der *einen* Quelle her auch eine übereinstimmende Wirkung erfolgt ist und erfolgt, daß also das Mittel, das die vom Worte Gottes, als des Schöpfers, gestaltete Natur richtig erkennen läßt, auch geeignet ist, die Art seiner Offenbarung im Reden und Handeln recht zu verstehen. Das sollte zu dem Versuch ermuntern, das Denken, das der Natur gegenüber – als Schöpfung verstanden – die tiefgreifende Erkenntnis gebracht hat, auch der Bibel gegenüber – als offenbartes Gotteswort verstanden – anzuwenden.

Bisher gebrauchte man wissenschaftlich der Bibel und sehr lange auch der Natur gegenüber das logisch-diskursive Denken. In beiden Fällen ergaben sich wissenschaftlich gesicherte Ergebnisse. Im Mittelalter wurde dafür der Begriff der doppelten Wahrheit geprägt: zum einen die Theologische Wahrheit, zum andern die Naturphilosophische Wahrheit, beide über den gleichen Sachverhalt, aber mit gegensätzlicher Aussage. Damit haben sich Theologie und

Naturwissenschaft seit der Neuzeit in ihren Erkenntnissen über verwandte Themen (Schöpfung, Weltbild, Wunder) immer weiter voneinander entfernt. Eine doppelte Wahrheit aber kann dem Menschen, der in der Welt lebt und Orientierungshilfe braucht, nichts geben. In ähnlicher Weise vertreten in der Gegenwart christliche Theologen und Naturwissenschaftler die Theorie einer Doppel-Offenbarung Gottes, in der Schrift und in der Natur. Für die erste ist der Theologe, für die zweite der Naturwissenschaftler als Ausleger zuständig. Wenn sie aber in naturwissenschaftlichen Fragen zu einem Widerspruch kommen, müsse der Theologe sich dem Naturwissenschaftler beugen. In beiden Fällen, ob doppelte Wahrheit oder doppelte Offenbarung, bleibt der Mensch, der etwas wahrhaft Verbindliches sucht, ohne klare Weisung, und so geschieht es, daß er Kirche, Theologie und Bibel enttäuscht den Rücken kehrt. Es ist meine Hoffnung, daß mit dem neuen Denken eine sachgemäße und hilfreiche Auslegung biblischer Wahrheit möglich ist.

Der Schöpfer

1. Mose 1,1: *Am Anfang schuf Gott die Himmel und die Erde.* Dieser Vers ist als Überschrift über den Schöpfungsbericht zu verstehen. Mit ihm werden zugleich Feststellungen getroffen, die nicht mehr hinterfragt werden, die aber wichtig zu wissen sind.

- Zum einen, daß Gott *ist* und *welcher* Gott der Schöpfer ist. Er ist stets der *eine* Gott, den die Bibel durchweg bezeugt, der Gott Abrahams, Isaaks und Jacobs, der Vater Jesu Christi. Außer ihm ist kein Gott.
- Zum andern, daß Gott mit der Schöpfung *einen Anfang* setzt, die Schaffung von Materie, Raum und Zeit als des Sichtbaren, das die Naturwissenschaft als Weltall kennt und erforscht; und dieser Anfang kommt *aus dem Nichts.* Vor dem Schöpfungsakt Gottes gab es nichts an Materie, Raum und Zeit.

– Zum dritten, daß Gott in seinem Sein *unabhängig von der Welt* ist. Jede Vorstellung von etwas Göttlichem im Kosmos oder von göttlichen Gegebenheiten im irdischen Geschehen ist theistisch. Gott war da, bevor er die Schöpfung nach seinem Plan vollbrachte – als der Allmächtige, der allein etwas aus dem Nichts zu erschaffen vermag.

Die Frage, wo Gott sich befand, als er das Sichtbare schuf, ist schon im ersten Kapitel beantwortet worden: in der unsichtbaren Welt, die wie Gott selbst ewig ist (2. Kor. 4,18). In ihr lebt er im Reiche des Lichts, wie es 1. Tim. 6,16 aussagt. Der Stoff, aus dem das Unsichtbare besteht, ist uns Menschen unvorstellbar. Die Bibel spricht von »pneuma«, dem griechischen Wort für Geist. Jedenfalls gibt es dort nichts von dem Stoff, der das Sichtbare als Materie oder Energie erfüllt (vgl. 1. Kor. 15,50). Wie bereits erwähnt, besagt Vers 1 sehr konkret, daß Gott in das schon immer vorhandene Unsichtbare hinein das Sichtbare gesetzt hat und damit das paradoxe Ineinander von beiden Wirklichkeiten schuf.

Bemerkenswert ist, daß in Vers 1 von den Himmeln, in der Mehrzahl, gesprochen wird. Dazu sei darauf hingewiesen, daß das hebräische Wort schamajim (Himmel) Mehrzahl ist, weil es beim alten Volk Israel Vorstellungen von mehreren Himmeln gab. Davon werte ich hier aber nur das, was sich bis in das Neue Testament zuverlässig erhalten hat. Paulus schreibt von einem ihm widerfahrenen Erlebnis, bis in den dritten Himmel entrückt worden zu sein (2. Kor. 12,2-4), und der Hebräerbrief stellt fest, das Jesus vor der Erhöhung zur Rechten Gottes (Hebr. 8,1) als Hoherpriester die Himmel durchschritten habe (Hebr. 4,14). Man geht wohl nicht fehl in der Annahme, daß im Weltbild des jüdischen Volkes als erster Himmel der Luftraum zwischen Erde und Feste, als zweiter Himmel diese Feste und als dritter Himmel der Wohnort Gottes über der Feste gedacht war. Ich möchte aber die Mehrzahl im Worte schamajim auch von dem heutigen Weltbild aus ansprechen.

Dazu hat man die unterschiedliche Bedeutung des Wortes »Himmel« zu beachten, die die englische Sprache mit den Worten heaven und sky zum Ausdruck bringt. Das Reich des Lichtes im Unsichtbaren, in dem Gott lebt, ist der Himmel im Sinne von heaven. Dem Sternenhimmel, zu dem wir nachts aufschauen können, kommt die Bezeichnung sky zu. Er ist wissenschaftlich gesehen die Galaxie, die Milchstraße, zu der unser Sonnensystem gehört. Im Weltall gibt es Milliarden von weiteren Galaxien. So kann man also unter der Mehrzahl von Himmeln, von der Vers 1 spricht, auch die Gesamtheit von Galaxien im Weltall verstehen. Sie alle sind geschaffene Himmel, von denen Jesus sagt (Matth. 24,35): *Himmel und Erde werden vergehen, aber meine Worte werden nicht vergehen.* Alles Erschaffene wird einmal nicht mehr sein.

Der Vorspann

1\. Mose 1,2: *Und die Erde war wüst und leer, und es war finster auf der Tiefe; und der Geist Gottes schwebte über dem Wasser.* Die beiden ersten Verse kann man – wie bei einem Film – als den einleitenden Vorspann verstehen. Nach der Überschrift von Vers 1 gibt Vers 2 an, was der Prophet, dem Gott die Sicht in die Vergangenheit schenkt, als Frühzustand der Erdoberfläche erblickt. Nach Erstarren der Erdkruste ist nichts anderes zu sehen als Steine, Wasser, Schnee und Eis. Wüst und leer, d.h. nur anorganisches Sein, nichts von Pflanzen oder Lebewesen war da. Außerdem erhält der Prophet einen Blick in die Tiefe des dunklen Weltalls, in dem die Erde schwebt. Wichtig ist aber, was der Prophet zusätzlich wahrnimmt: der Geist Gottes über allem, zu weiterem Wirken bereit, wie es von Vers 9 an berichtet wird.

Man braucht nicht anzunehmen, daß das ›wüst und leer‹ dem guten Schaffen von Gott nicht gemäß sei und man deshalb zwischen Vers 1 und 2 eine Katastrophe ansetzen müsse. Wer das für notwendig hält, pflegt den ersten Vers als Aussage über die Erschaffung einer vollkommenen ›Urschöpfung‹ zu verstehen, in die erst das Hinabgestoßenwerden Satans auf die Erde (Offb. 12,9; Luk. 10,18) diese so wüst und leer werden ließ.

Ich halte das nicht für notwendig. Man gibt dem Satan damit zu viel Ehre, und wer im Hochgebirge der Alpen gewandert ist, wird das ›wüst und leer‹ von Stein, Schnee und Eis durchaus als Zeugnis für die Herrlichkeit Gottes wahrgenommen haben, nicht als etwas Unvollkommenes oder Zerstörtes. Zudem ist der Schöpfungsbericht nach meinem Verständnis kein Wiederherstellungsbericht einer zerstörten Erde, sondern der Originalbericht von der Erschaffung des Weltalls und in ihm der Erde. Die Bedeutung der beiden ersten Verse, die in den neueren Bibelübersetzungen auch von den folgenden Versen abgesetzt sind, erfaßt man am besten, indem man sie, wie gesagt, wie den Vorspann eines Films versteht. Sie geben die Überschrift an und gewähren einen Blick auf die Erdoberfläche und damit auf den Hauptschauplatz, auf dem sich das meiste des Schöpfungsvorgangs abspielen wird. Und auf diesem Hintergrund werden dann auch die »Mitwirkenden« angegeben: Der einzig Wirkende ist niemand anderes als der Geist Gottes.

Der Beginn

1. Mose 1,3: *Und Gott sprach: Es werde Licht! und es ward Licht.* Mit diesem Vers setzt Gottes Schöpfungswerk ein. Nachdem die beiden ersten Verse Gott als den Schöpfer angekündigt haben, blendet der dritte Vers an den Anfang der Schöpfung zurück. Der Prophet erfährt, wie die Welt begann. Noch ist nichts Geschaffenes da. Er *hört* eine Stimme und weiß sofort, es ist Gott, der da spricht, und er *sieht,* was geschieht. Mit den Worten: *Es werde Licht!* gebietet Gott dem, das nicht ist, daß es sei (Röm. 4,17b). Dieses

Licht ist noch kein Sonnen- oder Sternenlicht. Es ist die Strahlungsenergie, ultrakurz bis lang, die das Sichtbare gestalten soll. Als Keimzelle der Welt wird diese Energie, äußerst dicht geballt, von Gott mit seinem Wort gesetzt und mit einer gewaltigen Lichtfülle zur Explosion gebracht – ein Vorgang, den der Prophet wahrnimmt und beschreibt und der durchaus mit dem sogenannten Urknall verglichen werden kann. Materie ist ja nichts Statisches, sondern Energie. Die Elementarteilchen, aus denen sie sich aufbaut, sowie die Photonen des Lichts, sind in wissenschaftlicher Sicht kontingente Ereignisse, d.h. Impulse, die sich ereignen, ohne daß ihr Ursprung erkennbar ist. Das gibt dem Glaubenden die Möglichkeit zu bekennen: Wenn Gott sein »Es werde« spricht, so setzt sich sein dynamisches Wort nach seinem Willen um in physikalisch meßbare Energie, es bewirkt die Impulse und erzeugt so die Elementarteilchen, aus denen jeweils wird, was Gott ruft.

Dies Geschehen darf man in einer gewissen Weise doppelt verstehen. Es ist, physikalisch im Sichtbaren gedeutet, ein kontingentes, d.h. nicht ableitbares, zufällig erscheinendes Ereignis und ebenso, vom Glauben im Unsichtbaren gedeutet, ein Wirken Gottes durch sein Wort. Aufgrund des Ineinanders von sichtbarer und unsichtbarer Welt läßt einunddasselbe Ereignis die doppelte Deutungsmöglichkeit zu: im Sichtbaren als ein wissenschaftlich erkennbarer und zu beschreibender Vorgang, im Unsichtbaren als ein nur glaubensmäßig erkennbares und beschreibbares Handeln Gottes durch sein Wort. Diesen komplementären Sachverhalt bestätigt die Bibel ebenfalls mit ihren Worten. Denn der Schöpfungsbericht schließt mit der Feststellung: *Also sind Himmel und Erde geworden, als sie geschaffen wurden* (1. Mose 2,4a). Bei der Erschaffung der Welt ging es also zum einen um ein *Werden,* einen Ablauf in Raum und Zeit, ein Sich-Entfalten, zum andern um ein *Schaffen,* ein zeitloses Setzen Gottes durch sein Wort. Dieses ›Sowohl-als auch‹ zeigt sich im Schöpfungsbericht auch darin, daß es neben dem Gebieten Gottes mit dem »Es werde« als Ausdruck seines Schaffens auch immer wieder heißt: Gott *machte*, was dem Prozeß des Werdens entspricht. Um dieses Werden zum Ausdruck zu bringen, habe ich von der *Keimzelle* des Weltalls gesprochen, die mit dem *Es werde Licht* von Gott gesetzt und mit den notwendigen Informationen versehen wurde (S. 45). Denn so wird man dem hebräischen Wort toledot gerecht, das soviel wie »Zeugungen« bedeutet und nicht nur das Werden von Himmel und Erde als Zeugungsvorgang kennzeichnet, sondern auch alles weitere Werden von Pflanzen und Tieren zeugungsmäßig erfaßt.

Diese komplementär zu verstehende doppelte Deutungsmöglichkeit des Geschaffen- und Gewordenseins von Himmel und Erde hat nichts mit der mittelalterlichen doppelten Wahrheit oder mit der gegenwärtigen doppelten Offenbarung zu tun. Denn sowohl in der einen wie in der anderen Richtung gehören jene beiden ›Wahrheiten‹ zu derselben Wirklichkeit, zum Sichtbaren. Hier aber, in meiner Darstellung, gehören sie zu verschiedenen Wirklichkeiten. Meine Sicht zeigt einen nicht leicht zu begreifenden Sachverhalt auf, indem sie feststellt: Die eine Deutung geschieht vom Sichtbaren aus, ist vom Menschen wahrzunehmen und wissenschaftlich nachweisbar. Die andere Deutung bezieht sich auf das Unsichtbare, wird dem Menschen im Glauben geschenkt und ist wissenschaftlich nicht nachweisbar. Diese komplementäre Art, Aussagen der Bibel in einer doppelten Weise als richtig zu erkennen, wird sich für die Auslegung als außerordentlich fruchtbar erweisen.

Das Rätsel der Schöpfung

Man hört häufig – als Argument gegen Gott und sein Wirken – die Frage nach dem Grund für eine Schöpfung. Warum und wozu hat Gott überhaupt das Weltall, die Erde und Menschen auf ihr geschaffen? Ist es nicht völlig sinnlos, was sich im Universum und auf der Erde abspielt? Kann daraus noch je etwas Gutes oder Sinnvolles werden? Ist der Mensch wirklich mehr als »ein Zigeuner am Rande des Weltalls« (Jaques Monod)? Für Stephen Hawking ging es um eine wissenschaftliche Erklärung für das Warum, Woher und Wohin des Weltalls. Er gehört zu den hervorragendsten Astrophysikern der Gegenwart; er erhielt im Juni 1989 durch die Königin Elisabeth II. von Großbritannien die Würde eines »Companion of Honour«. Von ihm stammt entscheidend die Theorie des Urknalls, und er war überzeugt, daß bereits im Augenblick des Ursprungs Gottes Plan für das ganze Universum darin versteckt lag (das entspricht meiner Vorstellung von der Keimzelle des Universums, in die Gott alle Informationen für sein Werden hineingelegt hatte).

Hawking wollte das Ereignis des Urknalls wie einen physikalischen Vorgang gesetzmäßig erfassen. Als ihm das auch bei seinen genialen Geisteskräften nicht gelang, d.h., als er dies Ereignis als eine Singularität ansehen mußte (als ein Geschehen, das keinen Gesetzen genügt), verwarf er die Idee eines singulären Urknalls. »Gewiß hätte es in der Gewalt eines allmächtigen Wesens gelegen«, so äußerte sich Hawking dazu[13], »den Anfang des Universums so zu wählen, daß der Menschengeist ihn nie verstehen könnte; doch wenn Gott den Anfang auf eine für uns unverständliche Weise gemacht hätte, warum hätte es ihm dann gefallen sollen, die weitere Entwicklung des Universums von Gesetzen regieren zu lassen, die wir verstehen können?« Daß Gott uns vieles erkennen läßt, aber im letzten unbegreifbar bleibt, gefällt Hawking so wenig, daß er darüber die eigene Theorie verwarf. Seine Begründung: »Wenn die

[13] St. W. Hawking, Eine kurze Geschichte der Zeit, Rowohlt Verlag, Reinbek 1988. Siehe auch den Bericht in »Der Spiegel«, Jahrgang 42 (1988), Nr. 42.

Gesetze der Physik am Beginn des Universums nicht in Kraft waren, dann könnten sie überall außer Kraft gesetzt werden.« Nun sucht er nach einer neuen Theorie, die den Anfang der Welt physikalisch erklärbar machen soll. Der Gott, von dem Hawking spricht, ist nicht der persönliche Gott, der Schöpfer des Universums. Daher kann er sich nicht dazu verstehen, Grenzen für menschliches Erkennen anzunehmen. Sein Buch ist zu einem Bestseller geworden.

Vom Geheimnis der Schöpfung

Auf Fragen nach dem Warum und dem Woher der Schöpfung, des Universums, kann von Menschen keine Antwort gegeben oder gefunden werden. Gott jedoch ist sie dem, der hören will, nicht schuldig geblieben. Allerdings geht es dabei um ein Geheimnis, das Gott erst spät – in und mit Christus – offenbart hat.

So steht geschrieben (1. Kor. 2,7): *Wir reden von der heimlichen, verborgenen Weisheit Gottes, welche Gott verordnet hat vor der Zeit der Welt zu unserer Herrlichkeit.* Ferner heißt es (Eph. 1,4-5): *Denn in Jesus Christus hat er uns erwählt, ehe der Welt Grund gelegt war, daß wir sollten heilig und unsträflich sein vor ihm; in seiner Liebe hat er uns dazu verordnet, daß wir seine Kinder seien durch Jesus Christus nach dem Wohlgefallen seines Willens.* Und weiter (Eph. 1,9-10): *Gott hat uns wissen lassen das Geheimnis seines Willens nach seinem Ratschluß, den er sich vorgesetzt hatte in Christus, damit er ausgeführt werde, wenn die Zeit erfüllt wäre; daß alle Dinge zusammengefaßt würden in Christus, beides, was im Himmel und auf Erden ist.* Und nochmals der Apostel Paulus (Eph. 3,9-10): *Mir ist gegeben, ans Licht zu bringen, wie Gott seinen geheimen Ratschluß ausführt, der von Weltzeiten her verborgen war in ihm, der alle Dinge geschaffen hat, auf daß jetzt kundwürde an der Gemeinde den Mächtigen und Gewalten im Himmel die mannigfaltige Weisheit Gottes.*

Alle diese Offenbarungen zeigen, daß Gott schon vor Erschaffung der Welt den Ratschluß gefaßt hat, Menschen zu erwählen, die vor ihm heilig und unsträflich seien und durch Jesus Christus seine Kinder würden. Dazu war es notwendig, Menschen zu schaffen, ihnen eine Wohnstatt zu geben und sie zu erproben. Und wenn die Zeit erfüllt ist, soll beides, was im Himmel und auf Erden ist, in Christus zusammengefaßt werden, zur Verherrlichung Gottes. Denn an den Erwählten soll den Mächtigen und Gewalten im Himmel die Weisheit Gottes kundwerden. Das Ziel ist also, daß Gottes Weisheit im Erlösungswerk Jesu Christi offenbar wird. Darum hat er seinen Ratschluß verborgen gehalten bis zum Kommen und Wirken Jesu auf Erden. Die Propheten haben zwar von Gottes kommendem Gnadenerweis geweissagt. Aber (1. Petr. 1,12): *ihnen ist offenbart worden, daß sie nicht sich selbst, sondern euch* (den ersten Gemeinden der Christenheit) *dienten mit dem, was euch nun verkündigt ist – und was auch die Engel gelüstet zu schauen.*

Der Wille Gottes ist der letzte Sinn allen Geschehens, und nur von ihm aus ist eine zuverlässige Sinndeutung möglich. Doch dieser Wille ist ein Geheimnis, den Menschen und selbst den Engeln und Gewalten im Himmel verborgen. Er kann nur von Gott selbst offenbart werden. Das hat er nach und nach getan, durch Propheten, durch Jesus Christus, durch den Heiligen Geist, der in den Aposteln sich kundgetan hat. Es gibt ein Ziel, auf das der Ratschluß Gottes hinsteuert: das Reich Gottes, die Zusammenfassung aller Erwählten im Himmel und auf Erden unter Jesus Christus als dem Herrn und König über alles.

4. Weltall und Weltbild

Das Weltall

In diesem Kapitel geht es um die Auslegung der Verse 4-8, in denen das Schaffen auf der Erde vorbereitet wird. In Vers 4a heißt es: *Und Gott sah, daß das Licht gut war.* Mit diesen Worten bestätigt Gott, daß die mit Energie gefüllte Keimzelle für das Sichtbare mit ihrem gewaltigen Lichtausbruch gut war, d.h. die ihr gesetzte Aufgabe ausführen konnte und gut ausgeführt hat. In sie hatte er durch sein vollmächtiges Wort alle Energien, Gestaltungskräfte und Gesetzmäßigkeiten hineingelegt, die zur Entfaltung des Weltalls notwendig waren und sein Werden gestaltet haben. So wie Gott Leben ist und Leben wirkt, so hat er als erstes in der Schöpfung dem Weltall die Kraft zur Entfaltung gegeben. Sein abschließendes Urteil, *das Licht war gut,* läßt zugleich erkennen, daß er den Prozeß des Werdens überwacht und gelenkt hat. Damit ist bereits der erste Schöpfungsakt als creatio continua zu verstehen, d.h., Gott hat nicht nur den Anstoß gegeben, sondern sein Wirken hat den ganzen Ablauf bis zur Vollendung begleitet. So wacht er noch heute über dem Ergehen des Weltalls bis zum Ende. Jedenfalls war es mit allen seinen Galaxien am Ende des ersten Schöpfungstages vorhanden und damit auch unser Milchstraßensystem mit der Sonne und den Planeten. Das ergibt sich weiter aus der Fortsetzung des Verses.

Vers 4b-5. *Da schied Gott das Licht von der Finsternis und nannte das Licht Tag und die Finsternis Nacht.* Hier wird von Nacht und Tag gesprochen im Sinne von 12 Stunden Tag (von 6 Uhr morgens bis 6 Uhr abends) und 12 Stunden Nacht (von 6 Uhr abends bis 6 Uhr morgens nach israelitischer Zeiteinteilung). Das zeigt aber, daß Gott die Entstehung der Erde als Planet der Sonne bewirkt hatte und die Erde mit ihrer Drehung um sich selbst bereits da war; denn diese Drehung schafft bei ihr Tag und Nacht: der Teil der

Erde, der von der Sonne beschienen wird, hat Tag, der andere Teil Nacht. So bestätigen die Verse 4b und 5a, daß Gott den Prozeß des Werdens im Weltall bis zuletzt begleitet hat, bis zur Entstehung des Sonnensystems, und mit der Scheidung von Licht und Finsternis in Tag und Nacht feststellt, daß die Erde die für ihre Aufgaben notwendige Ordnung erhalten hat. In der abschließenden Wendung: *Da ward aus Abend und Morgen der erste Tag,* hat das Wort Tag eine andere Bedeutung. Da ist der erste Schöpfungstag gemeint, an dem die Erschaffung des Weltalls mit allen Galaxien und Spiralnebeln abgeschlossen war, das Weltall im Sinne des heutigen Weltbildes verstanden.

Aber – so wird mancher Leser einwenden – von Sonne, Mond und Sternen wird ihr Geschaffensein doch erst am vierten Schöpfungstag berichtet. Wie sollen sie da schon am Ende des ersten Schöpfungstages vorhanden gewesen sein! Der Einwand ist formal berechtigt, ihm kann jedoch mit der rechten Auslegung begegnet werden. Sonne, Mond und Sterne gehören zu unserem Milchstraßensystem, auch wenn sie, von der Erde aus gesehen, eine Sonderstellung zu haben scheinen. Gott hat mit der Erschaffung des Weltalls sein Schöpfungswerk begonnen, und man darf annehmen, daß er etwas Vollständiges geschaffen hat. Er wird nicht Sonne, Mond und Sterne, d.h. unsere Milchstraße, zunächst ausgespart haben, um sie erst nachträglich dem Weltall einzufügen. Außerdem brauchen alle Pflanzen zu ihrem Wachsen und Gedeihen das Sonnenlicht; sie könnten nicht am dritten Schöpfungstag geschaffen worden sein, wenn die Sonne nicht dagewesen wäre. Man bedenke, daß diese Himmelskörper wegen ihrer besonderen Bedeutung für das menschliche Leben bei vielen Völkern des Altertums als Götter angesehen und verehrt wurden. Dem tritt die Priesterschrift des Volkes Israel zur Wahrung der Ehre des einen Gottes, der allein Gott ist, betont entgegen, indem sie im Schöpfungsbericht Sonne, Mond und Sterne mit der Bezeichnung »Lichter am Himmel« deutlich als Schöpfungswerke Gottes kennzeichnet, ihre Erschaffung bewußt erst später ansetzt und ihnen damit jeden göttlichen Charakter abspricht. Zu diesem Zweck könnten die Angaben vom dritten und vierten Schöpfungstag vertauscht worden sein. Um die Reihenfolge des ursprünglichen Textes herzustellen, müßte man dann die jetzigen Verse 14-19 vor die Verse 9-13 anordnen und den Text dementsprechend neu numerieren (vgl. 5. Kapitel).

Die Feste

Verse 6-8. *Und Gott sprach: Es werde eine Feste zwischen den Wassern, die da scheide zwischen den Wassern. Da machte Gott die Feste und schied das Wasser unter der Feste von dem Wasser über der Feste. Und es geschah so. Und Gott nannte die Feste Himmel. Da ward aus Abend und Morgen der zweite Tag.* Hier meint jeder, der die Bibel nur als Menschenwort ansieht, das naive Weltbild zu erkennen. Mit Rücksicht auf das Wort »Feste« ist das durchaus verständlich. Bei der Feste denkt man unwillkürlich an die Kristallsphäre über der flachen Erdscheibe, unter der Erde die Hölle und über der Feste der Himmel als Wohnort Gottes. Aber das Mißverständnis wird nur durch das Wort Feste hervorgerufen, und mit ihm ist der Grundtext falsch übersetzt. Dort steht das hebräische Wort »rakia«, und dies bedeutet »räumliche Ausdehnung«. Damit wird die Atmosphäre angesprochen, mit der Gott die Erde zum Schutze gegen schädliche Strahlen aus dem Weltraum umgeben hat. Als aber der Pentateuch (die fünf Bücher Mose) im 3. Jahrhundert v. Chr. in Alexandria von jüdischen Gelehrten ins Griechische übertragen wurde, nahmen sie natürlich das Wort Ausdehnung als Ausdruck für das Himmelsgewölbe im antiken Weltbild und übersetzten rakia mit »stereoma« (Festigkeit). Gegen Ende des 4. Jahrhunderts n. Chr. entstand durch Hieronymus die Vulgata, die lateinische Übersetzung des Alten und des Neuen Testaments. In ihr wird rakia, ganz entsprechend zur griechischen Übersetzung, mit firmamentum (Feste) wiedergegeben. Von daher ist der Ausdruck »Feste« in die Luther-Übersetzung des Alten Testaments übergegangen. Denn auch Martin Luther kannte nur das naive Weltbild.

Jedenfalls zeigt dieser historische Rückblick, daß beim Übersetzen des Textes das Weltbild des Übersetzers in die Wiedergabe eingegangen ist. Damit ergibt sich erneut meine Feststellung von Kapitel 1, daß die »Stockwerksvorstellung« von Himmel, Erde und Hölle nicht das Weltbild der Bibel, der Offenbarung Gottes, ist, sondern die naive Sicht der Verfasser der biblischen Bücher. Diese entspricht auch den Vorstellungen der Übersetzer, ist von ihnen aufgenommen worden und hat bei ihnen ebenfalls zu naiven Formulierungen geführt. Das ist durchaus nichts Merkwürdiges. Denn auch wir aufgeklärten Menschen haben aus dem mittelalterlichen Latein das Wort Firmament als Bezeichnung für »das Himmelsgewölbe«, den Sternenhimmel, übernommen.

Von Interesse dürfte sein, daß die Ungenauigkeit in der Übersetzung nicht notwendig gewesen wäre. Sie beruht im Grunde auf einer naturwissenschaftlichen Fehlentscheidung im 2. Jahrhundert v. Chr. Um 250 v. Chr. hatte der Astronom Aristarchos von Samos, und nicht er allein, bereits klare Vorstellungen von einem heliozentrischen Weltbild (die Sonne als Zentrum des Planetensystems), ebenso von der Größe des Sonnensystems und von der Unermeßlichkeit des Weltalls. Und er hatte das auch gelehrt. Er wurde aber wegen dieser Lehre von anderen Gelehrten angegriffen und sogar der Gottlosigkeit beschuldigt. Denn gegen ihn stand die Lehre des Aristoteles: das System von Kristallsphären, die um die Erde als Zentrum kreisen (geozentrisches Weltbild) und auf denen Sonne, Mond und Sterne befestigt sind. Diese Sicht galt damals als Ausdruck göttlichen Wirkens: Der göttliche Beweger sorgt für das Kreisen der Sphären und so für die Bewegung von Sonne, Mond und Gestirnen. Doch um 150 v. Chr., also lange nach seinem Tode entschieden sich die Astronomen der Akademie in Alexandria *gegen* die Lehre von Aristarchos und *für* die Lehre von Aristoteles. Wäre damals diese wissenschaftliche Entscheidung richtig, d.h. *für* Aristarchos gefallen, so wäre der Christenheit vermutlich eine lange und leidvolle Glaubenskrise erspart geblieben, die mit den Entdeckungen von Kopernikus, Kepler und Galilei einsetzte – das aber *erst* nach der Bibelübersetzung von Martin Luther – und im Grunde noch heute nicht voll überwunden ist.

Die Atmosphäre

Ich hoffe, damit deutlich gemacht zu haben, daß die Verse 6-8 nicht das antike oder das angeblich biblische Weltbild enthalten. Wird das Wort rakia richtig mit »räumlich Ausgedehntes« übersetzt, so hat man damit einen Hinweis auf die Atmosphäre der Erde. Und deren Erschaffung gehört genau an diese Stelle. Mit dem Ende des ersten Schöpfungstages war, wie ich dargelegt habe, zwar das Werden des Weltalls bis zur Entstehung des Sonnensystems mit den Planeten abgeschlossen, aber es war noch keine Möglichkeit für ein menschliches Leben vorhanden. Jetzt sollte nach Gottes Plan eine *bewohnbare* Erde entstehen. Der Planet Erde war dazu von ihm erwählt, und die Zurüstung für ihren Auftrag war das Ziel des zweiten Schöpfungstages. Denn für ein Leben auf der Erde, wie wir es kennen, müssen bestimmte Bedingungen erfüllt sein. Von denen waren zwei – Licht und Wärme – durch die Existenz der Erde als Planet der Sonne zwar vorhanden, aber noch nicht optimal da.

Mit den anderen Planeten befindet sich die Erde in einem absolut dunklen Weltraum, der zudem eine Temperatur von weniger als -250° Celsius hat. Damit sie dennoch Licht und Wärme empfangen kann, ließ Gott sie als erstes in passender Entfernung um ein riesiges »Kernkraftwerk« kreisen, die Sonne. Diese tut ihren Dienst als gewaltige Maschine zur Kernfusion, die mit hohen Drucken und Temperaturen Wasserstoffatomkerne zu Heliumatomkernen zusammenpreßt und die dabei freiwerdende Energie als Licht und Wärme abstrahlt. Mit 150.000 km Abstand von der Sonne hat die Erde eine gute Entfernung. Der sonnennächste Planet Merkur hat eine Durchschnittstemperatur von +300° Celsius auf seiner Oberfläche, der weiter als die Erde von der Sonne entfernte Planet Jupiter dagegen hat eine von -130° Celsius.

Für eine zweckmäßige Verteilung von Licht und Wärme auf der Erde hat Gott ihr weiter eine bestimmte Neigung der Erdachse gegen die Umlaufbahnebene der Erde mitgegeben (näheres im 5. Kapitel). Dadurch entstehen mit dem Umlauf der Erde um die Sonne die Jahreszeiten und ein gemäßigtes Klima auf dem größten Teil der Erdoberfläche. Und eine gemäßigte Temperatur ist lebensnotwendig. Vor allem höhere Lebensformen können Wärmeschwankungen im allgemeinen nur zwischen 0° und 40° Celsius ertragen, weil die Zellen der Organismen empfindliche Eiweißverbindungen enthalten. Eiweiß erstarrt aber bei zu geringer Temperatur, bei zu hoher gerinnt es. Wir kennen den Tod durch Erfrieren und wissen um die Gefahr, wenn die Fieberkurve eines Kranken die Grenze von 40 ° übersteigt. Deshalb brauchen wir Maßnahmen zum Schutz gegen Witterung und Krankheit.

Neben Licht und Wärme im richtigen Ausmaß ist eine dritte Bedingung für die Möglichkeit von Leben auf der Erde die Lufthülle in der Atmosphäre. Organismen brauchen eine Lufthülle von bestimmter Dichte und eine geeignete Zusammensetzung der Luft. Sie besteht auf der Erde fast ganz aus Sauerstoff und Stickstoff, dazu aus wenig Kohlendioxyd und geringen Mengen von Edelgasen.

Es kommt nun darauf an, daß das Mischungsverhältnis von 78 % Stickstoff und 21 % Sauerstoff in der Luft erhalten bleibt. Aber durch das Aus- und Einatmen der Lebewesen wird der Luft ständig Sauerstoff entzogen und ihr Kohlendioxydgehalt erhöht. Ohne Ausgleich wären Tiere und Menschen längst erstickt. Hier setzt nun der von Gott wunderbar eingerichtete Prozeß der Photosynthese ein. Die Pflanzen dieser Erde benutzen das Sonnenlicht, um mittels des Chlorophylls (des grünen Blattfarbstoffs) das Kohlendioxyd der Luft in Sauerstoff und Kohlenstoff zu zerlegen. Den so gewonnenen Kohlenstoff verwenden sie für den eigenen Aufbau, den Sauerstoff geben sie an die Luft ab. So bleibt mit Hilfe der Winde das für Lebewesen notwendige Mischungsverhältnis in der Luft erhalten.

Die Dichte und überhaupt das Vorhandensein einer Atmosphäre ist abhängig von der Masse des Planeten, der eine Atmosphäre hat, und von der Temperatur auf seiner Oberfläche. Besäße die Erde eine geringere Masse und damit auch geringere Anziehungskraft, so könnte sie weder die erforderliche Menge Luft noch Wasser festhalten. Vorhandensein von Wasser ist aber eine vierte Voraussetzung für Leben auf der Erde. Umgekehrt, wenn die Erde eine größere Masse hätte, als es der Fall ist, so wäre die Dichte der Atmosphäre zu kompakt oder es wären Gase in ihr enthalten, die Leben verhindern könnten. Auch die Wassermenge wäre größer, aber nur ein Zehntel mehr Wasser als jetzt würde genügen, um alles Festland auf der Erde zu überschwemmen. Der Planet Mars, der nur wenig größer ist als die Erde und auch eine noch günstige Entfernung von der Sonne hat – er läuft knapp außerhalb der Erdbahn um die Sonne –, hat als Masse nur 1/10 der Erdmasse und erfüllt schon deshalb nicht die notwendigen Lebensbedingungen. Wir wissen von Himmelskörpern, die keine Atmosphäre haben, etwa unser Mond und der Planet Merkur. Und die anderen

Planeten des Sonnensystems haben anders zusammengesetzte Atmosphären. Beachtenswert ist auch, daß die Erde der einzige Planet des Sonnensystems ist, der ein Weltmeer hat.[14]

Die Scheidung der Wasser

Die Atmosphäre der Erde hat die wichtige Aufgabe, Menschen und alles andere auf der Erde zu schützen. Sie wirkt einerseits wie ein Kleid, das die Sonnenwärme auf der Erde festhält, andererseits wie ein Filter, der sie gegen den gefährlichen kosmischen »Regen« fast vollständig abschirmt. Das zeigt die Begründung, die Gott für die Schaffung der Atmosphäre gegeben hat: *Da machte Gott die Feste und schied das Wasser unter der Feste von dem Wasser über der Feste.* Mit dieser Scheidung gibt Gott der Erde einen sehr notwendigen Schutz. Dabei ist mit dem »Wasser unter der Feste« das Wasser auf der Erde in seinem Kreislauf gemeint: Verdunsten, Aufsteigen als Wasserdampf, Kondensieren zu Tropfen, Bildung von Wolken, Abregnen, Feuchten des Erdbodens, Speisen der Quellen. Alles das spielt sich in der untersten Schicht der Atmosphäre ab, in der Troposphäre. Das »Wasser über der Feste« ist bildlich zu verstehen. Da geht es um die Auswirkungen der kosmischen Strahlung, der Primärstrahlung aus Protonen und der Sekundärstrahlung, bei der jene durch Zusammenstoß mit Luftmolekülen zu Gammaquanten, Elektronen und Positronen werden und in Schauern und Kaskaden auf die Erde »abregnen«. Außerdem fallen täglich Millionen von Meteoriten aus dem Weltall wie Hagel auf die Erde zu. Aufgrund dieser vom Wasser genommenen Ausdrücke (Regen, Kaskaden, Schauer, Hagel) kann man bildhaft

[14] Das hier über die Atmosphäre Gebrachte wird ausführlicher abgehandelt in: E. Hitzbleck, Wunder im Naturgeschehen, Wuppertal 1962. Da dies Buch vergriffen ist, empfehle ich E. Hitzbleck, Schöpfung als Gottesoffenbarung, Neuhausen-Stuttgart 1983.

vom »Wasser über der Feste« sprechen, das dem Weltraum entspringt. Bekanntlich haben von Menschen benutzte chemische Mittel jetzt ein großes Loch in der Atmosphäre über der Antarktis erzeugt. Die damit verbundene Gefahr zeigt zur Genüge die Notwendigkeit von Gottes Fürsorge, uns vom Wasser »über der Feste« zu scheiden. Es bestätigt auch die Zulässigkeit der hier gegebenen Auslegung.

In diesem Zusammenhang muß das Wort ›Feste‹ als Bild für etwas anschaulich Vorgestelltes nochmals zurückgewiesen werden. Es hat zwar die Atmosphäre eine gewisse Festigkeit, da kosmische Strahlung, die in einem genügend flachen Winkel auf die Atmosphäre auftrifft, von ihr wieder abprallt. Aber im Grunde geht es mit der Feste um den wahrgenommenen »blauen Himmel«. Seine Blaufärbung ist auf die unterschiedliche Streuung des Sonnenlichts in der Atmosphäre zurückzuführen, bei der der kurzwellige blaue Anteil stärker zur Geltung kommt als der langwellige rote Anteil. Das bewirkt auch, daß unsere Erde, vom Weltraum aus gesehen, blau erscheint und von den Astronauten als »blauer Planet« bezeichnet wird. Zu beachten ist aber, daß – wie jetzt wohl jeder weiß – der blaue Himmel nur scheinbar einer Halbkugel über der Erde gleicht und in keiner Weise als »Himmelsgewölbe« oder als »Feste« vorgestellt werden kann. Nichts Derartiges befindet sich über der Erde oder umgibt die Erde. Und nur mit dieser Scheinvorstellung galt bei den drei Himmeln im Weltbild des jüdischen Volkes (vgl. S. 37) die »Feste« als der zweite Himmel.

Es ist diese Sicht, die mit der »Feste« auch das »Wasser über der Feste« wörtlich verstanden hat. Das zeigt weiter der Bericht von der Sintflut, wenn es dort heißt (1. Mose 7,11-12): *Es brachen alle großen Brunnen der Tiefe auf und taten sich die Fenster des Himmels auf und ein Regen kam auf die Erde vierzig Tage und vierzig Nächte.* Um diese Menge an Regen glaubhaft zu machen, wird neben dem Wasser unter der Erdoberfläche auch »Wasser über der Feste« herangezogen, als ob dort Wasser für die Sintflut gespeichert worden wäre. Diese bildhafte Darstellung bedenkt nicht Gottes Größe und Macht. Gott hatte weder Feste noch Wasservorrat darüber nötig, um die Sintflut herbeizuführen. Er brauchte nur zu gebieten, und das Wasser war da, wie er es wollte – sei es aus der Tiefe als Überschwemmung, sei es aus der Höhe als Regen.

Die gleiche bildhafte Vorstellung von der Feste mit Fenstern findet sich in 1. Mose 8,2; 2. Kön. 7,2.19; Jes. 24,18, um ein Wirken Gottes vom Himmel her zu erklären. Das alles gehört in das damalige Weltbild des jüdischen Volkes, dem aber Gottes Wort entgegen steht. Denn Gott gebietet in 2. Mose 20,4: *Du sollst dir kein Bildnis noch Gleichnis machen, weder von dem, was oben im Himmel, noch von dem, was unten auf Erden, noch von dem, was im Wasser unter der Erde ist.* Damit gebietet Gott, in der Sprache des alten Weltbildes, alle Vorstellungen wie Feste, Fenster in der Feste, Erdscheibe über dem Wasser u.a. als falsch abzulegen. Dazu gehören natürlich auch alle anthropomorphen Vorstellungen, die sich Menschen von Gott machen.

Mit alledem, was hier von der Feste und dem Wasser unter und über der Feste ausgesagt wird, ist stets das Ziel Gottes, d.h. das Weltall nach Vollendung der Schöpfung angesprochen. Auch ist mit dem Schaffen Gottes wieder das Werden verbunden, das längere Zeit angedauert und sich in die nächsten Schöpfungsabschnitte hinein erstreckt hat (siehe Seite 56, 58, 62).

5. Sonnenlicht und Pflanzen

Die Bewohnbarkeit der Erde

Der erste Schöpfungstag hatte die Gestaltung des Weltalls mit sehr vielen Galaxien gebracht und mit diesen auch unsere Milchstraße und in ihr die Sonne und ihre Planeten. Es mag in anderen Galaxien ebenfalls selbstleuchtende Sterne mit Begleitern geben. Wir wissen es noch nicht. Was wir aber wissen sollen, ist, daß Gott – wie es seine Art ist – unter allen im Weltall möglicherweise vorhandenen Sonnensystemen *unsere Sonne* mit ihren Planeten und unter diesen die *Erde* als künftigen Ort seines Handelns *erwählt* hat. Es ist bewundernswert, mit wie einfachen Mitteln Gott die Erde dazu ausgestattet hat, daß sie die notwendigen Lebensbedingungen für Menschen erfüllte, die er erschaffen wollte. Das Kernkraftwerk Sonne liefert der Erdoberfläche im dunklen und kalten Weltraum das rechte Maß an Licht und Wärme. Dazu hat die Erde einen richtigen Abstand von der Sonne, vollführt ihre Drehung um sich selbst in rund 24 Stunden, hat die erforderliche Masse und ist gegenüber ihrer Umlaufbahnebene um einen bestimmten Winkel geneigt, so daß Jahreszeiten und gemäßigte Klimata entstehen. Es läßt sich mathematisch nachweisen, daß dieser Winkel von etwa 23 1/2 ° die günstigste Neigung der Erdachse dafür ist, um eine hinreichend gleichmäßige Verteilung von Licht und Wärme auf der Erde zu gewährleisten. Am zweiten Schöpfungstag hat Gott dann eine Atmosphäre für die Erde geschaffen, um ihr Luft zu geben und Schutz gegen kosmische Einwirkungen und um Licht und Wärme auf ihr zu erhalten. Diese Atmosphäre war anfangs anders als die jetzige; es war eine Methan-Atmosphäre ohne Sauerstoff, denn es fehlten noch die Pflanzen.

So war der nächste Akt im Schöpfungswerk Gottes das Schaffen von pflanzlichen Gewächsen. Dazu mußte aber erst die fünfte Voraussetzung für die Möglichkeit menschlichen Lebens auf der Erde erfüllt werden: nach Wärme, Licht, Luft und Wasser ein fruchtbares Erdreich. Hierzu hat Gott dem Wasser eine besondere Eigenschaft verliehen. Alle Stoffe auf der Erde und im Weltall ziehen sich bei Abkühlung zusammen und dehnen sich bei Erwärmung aus. Allein das Wasser zeigt ein abweichendes Verhalten. Es zieht sich bei Abkühlung nur bis +4° Celsius zusammen und dehnt sich bei weiterer Abkühlung aus, bis es bei 0° Celsius erstarrt. Der Schöpfer, als Herr aller Naturgesetze, hat dem Wasser diese Ausnahme zugewiesen, um Leben zu erhalten. Denn dadurch, daß das Wasser im gefrorenen Zustand, als Eis, leichter ist als nichtgefrorenes Wasser, kann Eis auf der Wasseroberfläche schwimmen und gibt Fischen und anderen Lebewesen im Wasser die Möglichkeit, auch im Winter zu existieren. Die Eigentümlichkeit des Wassers ist jedoch noch zu einem anderen Zweck erdacht worden, nämlich um als Sprengmittel zu wirken. Das physikalische Experiment ist uns sicher bekannt, daß ein mit Wasser gefülltes, verschlossenes Gefäß zerbirst, sobald es auf 0° abgekühlt wird. Der Grund dafür ist, daß Wasser im gefrorenen Zustand eine größere Ausdehnung hat als im nichtgefrorenen Zustand. Zehn Liter Wasser ergeben elf Liter Eis. Dadurch sprengt es mit großer Kraft, wenn es gefriert, jeden Gegenstand, in dem es eingeschlossen ist.

Und das war seine Aufgabe, nachdem die feste Erdkruste sich gebildet hatte und nichts anderes da war als Steine, Wasser, Eis und Schnee, zur Zeit, als die Erde wüst und leer war. Nach dem Plan des Schöpfers hatte das Wasser den Auftrag, immer wieder einzudringen in Risse und Poren des Gesteins und der von Vulkanen ausgeworfenen Lava, im Winter dort zu Eis zu erstarren und Gestein und Lava zu sprengen. So entstand nach und nach durch den Prozeß der Verwitterung ein mit Mineralien durchsetzter Nährboden für die ersten einfachsten und bedürfnislosesten Pflanzen. Diese haben dann durch ihr Vergehen und Verwesen dafür gesorgt, daß sich allmählich Humusboden bildete, der für größere und anspruchsvollere Gewächse erforderlich war. Dieser sicher lange andauernde Verwitterungsprozeß gehört nach meiner Sicht noch in das Geschehen des zweiten Schöpfungstages und gab den Abschluß der von Gott herbeigeführten Voraussetzungen für eine Bewohnbarkeit der Erde.

Erschaffung der Pflanzen

Verse 9-10: *Und Gott sprach: Es sammle sich das Wasser unter dem Himmel an besondere Orte, daß man das Trokkene sehe. Und es geschah so. Und Gott nannte das Trokkene Erde, und die Sammlung der Wasser nannte er Meer. Und Gott sah, daß es gut war.* Mit diesen Worten ließ Gott auf der Erde Kontinente und Weltmeere entstehen. Gegenwärtig sind etwa 30 % der Erdoberfläche Land und etwa 70% von ihr Meer. Für die Bildung von Meer waren ausgedehnte Senken erforderlich, die sich durch tektonische Erd- und Seebeben gebildet haben. Man hat durch seismische Untersuchungen festgestellt, daß Erdkrustenmaterial tief in den Erdmantel eingesunken ist. In solche Senken hinein konnte sich das Wasser sammeln, nachdem es seinen Dienst als Sprengmittel für die Zubereitung eines ersten Nährbodens durch Verwitterung erfüllt hatte. *Und Gott sah, daß es gut war.* Diese Feststellung hat hier ihre besondere Bedeutung. Es wird nicht ein spezielles Schöpfungswerk für gut befunden wie in Vers 3 das Licht, die elektromagnetische Strahlung, die das Weltall aufgebaut hat. Sondern es wird von den ersten Schöpfungstagen zusammenfassend festgestellt, daß alles gut war. Damit ist das ganze von Gott in Gang gesetzte, weltweite Geschehen gemeint, das gezielt auf die Erde zuführte und in einer Gestaltung der Erdoberfläche endete, die Gott für sein weiteres Wirken so haben wollte. Von ihm überwacht hat sich alles seinem Willen gemäß entwickelt.

Vers 11: *Und Gott sprach: Es lasse die Erde aufgehen Gras und Kraut, das Samen bringe, und fruchtbare Bäume auf Erden, die ein jeder nach seiner Art Früchte tragen, in denen ihr Same ist. Und es geschah so.* Erstmalig beteiligt Gott das von ihm Geschaffene an seinem Wirken. Denn es war für gut befunden worden. Aber allein aus sich heraus konnte die Erde nichts hervorbringen. Gottes schöpferisches Wort war weiter notwendig. Wie sollte auch die Erde etwas aufgehen lassen, wenn nicht zuvor Samen in sie eingelegt waren! So darf man annehmen, daß Gott in das zuvor bereitete Erdreich hinein sein gebietendes Wort sprach: Es werde Same, der Frucht bringt! Das geschah sicher mehrfach und unterschiedlich, je nach der Art von Gewächs, die entstehen sollte. Und was geschah, war wiederum, daß sich Gottes dynamisches Wort, gesprochen im Unsichtbaren, nach seinem Willen umwandelte in Impulse, die im Sichtbaren als kontingente Ereignisse jeweils Atome und Moleküle bildeten und zu Gräsern und Kräutern wurden. Und sie alle waren samentragende Pflanzen, die sich selbst weiter ausbreiten konnten. Später – im Sinne einer creatio continua –, als sich genug fruchtbares Erdreich gebildet hatte, ließ Gott in entsprechender Weise durch sein Wort auch Bäume aufwachsen mit unterschiedlichen Früchten.

Dieses spätere Entstehen von Bäumen ist auch biologisch zu begründen. Denn bekanntlich hat man die sich selbst befruchtenden Pflanzen von solchen zu unterscheiden, bei denen zur Befruchtung eine Übertragung des männlichen Blütenstaubes auf die weibliche Blütennarbe erfolgt. Das kann zwar auch durch Wind geschehen. Aber Gott hat für den Vorgang der Bestäubung in erster Linie die Insekten geschaffen und damit ein schönes Beispiel von echtem Aufeinanderangewiesensein in der Schöpfung gegeben. Die Insekten kamen aber erst am fünften oder sechsten Schöpfungstag auf die Erde. So hat sich das Wachsen vieler sich nicht selbst bestäubender Pflanzen, vor allem der Früchte tragenden Bäume, noch bis in die nachfolgenden Schöpfungstage erstreckt. Jedenfalls wurde das Land auf der Erde weithin mit Wiesen und Wäldern bedeckt.

Verse 12-13: *Und die Erde ließ aufgehen Gras und Kraut, das Samen bringt, ein jedes nach seiner Art, und Bäume, die da Früchte tragen, in denen ihr Same ist, ein jeder nach seiner Art. Und Gott sah, daß es gut war. Da ward aus Abend und Morgen der dritte Tag.* Wieder erfahren wir, daß Gott zufrieden war, wie sich die Erde, die zu Anfang wüst und leer war, nun mit grünen und blühenden Landschaften bedeckt hatte.

Sonne, Mond und Sterne

Aber – so wird gegen den Schöpfungsbericht oft eingewandt – wie konnten Pflanzen am dritten Schöpfungstag entstehen, wenn, zumindest dem Wortlaut nach, die Sonne erst am vierten Schöpfungstag geschaffen wurde! Pflanzen brauchen doch für ihr Wachstum das Sonnenlicht. Der Prozeß der Photosynthese, von dem die Pflanzen leben, ist ohne Sonne nicht möglich. Dieser mit dem Problem ›Sonnenlicht und Pflanzen‹ gegebene Einwand ist formal richtig, sachlich aber nicht stichhaltig. Denn die Sonne war längst da. Die Erde ist als einer der Planeten an die Sonne gebunden und ohne sie nicht denkbar. Dieses Wissen zeigt sich bereits in Hiob 26,7, wo gesagt wird: *Er spannt den Norden aus über dem Leeren und hängt die Erde über das Nichts.* Damit kommt zum Ausdruck, daß die Erde im leeren Weltraum hängt, natürlich an der Sonne als einer ihrer Planeten. Wie im 4. Kapitel ausgeführt wurde, kann man dem Schöpfungsbericht entnehmen, daß mit dem Weltall, das Gott werden ließ, auch das Sonnensystem noch am ersten Schöpfungstag geschaffen wurde. Es gibt zwei Möglichkeiten, das Problem ›Sonnenlicht und Pflanzen‹, das der Schöpfungsbericht scheinbar aufwirft, zu lösen.

Die eine Möglichkeit ist die schon im 4. Kapitel vorgeschlagene, daß man die Verse 14-19 vor die Verse 9-13 setzt und damit den dritten Schöpfungstag mit dem vierten vertauscht. Dabei geht man davon aus, daß die Verse 14-19 ursprünglich vor den Versen 9-13 gestanden haben könnten und nur aus glaubensmäßigen Gründen in die jetzige Reihenfolge gebracht worden sind, um Nachbarvölkern gegenüber, die die Gestirne als Götter verehrten, den Gott Israels als den alleinigen Gott und als den Schöpfer zu bekennen, der die Gestirne gemacht und sie nur als Lichter an den Himmel gesetzt hat. Wer jedoch die jetzige Reihenfolge der Verse nicht ändern will, hat die andere Möglichkeit, den späten Hinweis auf Sonne, Mond und Sterne dadurch zu erklären, daß sie zwar längst da waren, aber erst am vierten Schöpfungstag *sichtbar gemacht* wurden. Bis dahin war – so kann man annehmen – die Erde, infolge des ständigen Verdunstens von Wasser aus ihren Magmaschichten durch die Hitze im Erdinnern, mit einer dichten Nebelschicht wie in einer ›Waschküche‹ umgeben (vgl. 1. Mose 2,6). Wäre damals ein Mensch auf der Erde gewesen, so hätte er wohl den Wechsel von Hell und Dunkel wahrnehmen, aber nicht die Lichtquellen Sonne, Mond und Sterne sehen können. Die Pflanzen jedoch konnten die Sonnenstrahlung auch durch den Nebel hindurch empfangen. Der Prophet aber, dem Gott die Schöpfungsvorgänge zeigte, hat die Existenz der Gestirne erst feststellen können, nachdem die Atmosphäre über der Erde klar und durchsichtig geworden war. Deshalb gibt er seinen Bericht von den Gestirnen als ein Ereignis des vierten Schöpfungstages an. Als solches wollen wir es jetzt näher betrachten.

Verse 14-15: *Und Gott sprach: Es werden Lichter an der Feste des Himmel, die da scheiden Tag und Nacht und geben Zeichen, Zeiten, Tage und Jahre und seien Lichter an der Feste des Himmels, daß sie scheinen auf die Erde. Und es geschah so.* Damit werden die Gestirne als Schöpfungswerke Gottes gekennzeichnet und zweimal(!) lediglich als Lichter an der scheinbaren Feste, dem Himmel. Und indem an ihre Aufgabe, Tag und Nacht zu scheiden, erinnert wird, ist der Bezug zum ersten Schöpfungstag gegeben, an dem sie geschaffen wurden. Zugleich wird mit der Wendung, daß sie Lichter sein sollen, deutlich gemacht, daß es im Grunde nur um ihr Sichtbarwerden geht. Ihr Zweck wird dahin bestimmt, daß sie eine Zeiteinteilung auf der Erde möglich machen sollen. Außerdem wird ihnen ein Zeichencharakter verliehen. Dazu gehört insbesonders ihre Hilfe zur Orientierung für die Schiffahrt auf dem Meer. Andere Beispiele sind der Hinweis Gottes an Abraham, daß seine Nachkommen so zahlreich werden sollen wie die Sterne am Himmel (1. Mose 15,5) und die Verheißung – die auf das Kommen Jesu zu beziehen ist –, daß ein Stern aus Jakob aufgehen und ein Zepter aus Israel aufkommen wird (4. Mose 24,17). Letzteres kann als Hinweis auf den Stern des Messias verstanden werden, der die Weisen aus dem Morgenland über Jerusalem nach Bethlehem führte (Matth. 2,2). Schließlich wird im Buch der Offenbarung des Johannes (Offb. 1,16) die Herrlichkeit des Auferstandenen unter anderem damit gekennzeichnet, daß er 7 Sterne in seiner rechten Hand hält, und in Offb. 1,20 wird das Geheimnis der 7 Sterne gedeutet. So berichten die beiden ersten Verse des vierten Schöpfungstages nur von der bereits geschehenen Erschaffung von Sonne, Mond und Sternen und von ihren Aufgaben.

Die nächsten Verse (16-19) schildern, wie die Gestirne scheinbar erst am vierten Schöpfungstag entstanden. *Und Gott machte zwei große Lichter; ein großes Licht, das den Tag regiere, und ein kleines Licht, das die Nacht regiere, dazu auch die Sterne. Und Gott setzte sie an die Feste des Himmels, daß sie schienen auf die Erde und den Tag und die Nacht regierten und schieden Licht und Finsternis. Und Gott sah, daß es gut war. Da ward aus Abend und Morgen der vierte Tag.* Hier heißt es ausdrücklich: Gott *machte* zwei Lichter (Sonne und Mond), dazu auch die Sterne. Es geht also nicht um ein Schaffen, sondern um ein Sichtbarmachen durch Gott. Und durch das Entstehen und Wachsen der Pflanzen bis hin zu den Bäumen und ihre Verbreitung über das Land auf der Erde und weiter durch die Einstrahlung der Sonne kam es trotz Nebel zum Prozeß der Photosynthese und zur Wandlung der Atmosphäre in eine Sauerstoffatmosphäre. Die zunehmende Erwärmung der Erdoberfläche führte allmählich zum Nachlassen des Nebels und zum Durchsichtigwerden der Atmosphäre. Und der Ausdruck *Gott setzte sie an die Feste, den Himmel* (s. S. 53) macht erneut deutlich, daß sie nur Lichter sind, die er sichtbar machte. So war die Erde in ihrer Bewohnbarkeit weiter vervollkommnet. Sie hatte ein grünes, nahrungspendendes Kleid erhalten, die Gestirne konnten wahrgenommen und in ihren Aufgaben erkannt und genutzt werden. Die Bestätigung, daß es gut war, erfolgte wiederum zu Recht.

Dauer der Schöpfungstage

Ich habe die Bezeichnung ›Schöpfungstag‹ bisher beibehalten, ohne dabei an einen 24-Stundentag zu denken. Man wird aber meinen Auslegungen sicher entnommen haben, daß ich mit längeren Zeiträumen als nur mit Tagen für das Werden alles Geschaffenen rechne. Nach wissenschaftlichen Vorstellungen erstreckte sich das Entstehen des Weltalls über viele Milliarden von Jahren. Es ist nicht meine Absicht, diese Vorstellungen zu übernehmen, doch scheint es mir richtig zu sein, daß Gott das Weltall mit Sonnensystem und Erde durch einen Prozeß langen Werdens geschaffen hat, der während des ersten Schöpfungstages geschah. Die Bildung der Atmosphäre und der unzählige Jahre erfordernde Vorgang der Verwitterung erfüllte den zweiten Schöpfungstag. Das Wachsen der Pflanzendecke sowie die Wandlung und Klärung der Atmosphäre während des dritten und vierten Schöpfungstages bedingte ebenfalls lange Zeiten. Und nach dem Entstehen der Erde war das Erdinnere noch lange mit Erdbeben, Verwerfungen u.a. aktiv und hat durch Umschichtungen Veränderungen der Erdoberfläche herbeigeführt. Pflanzungen und Wälder sind versunken und wurden unter der Erdkruste umgeformt zu Kohlenflözen, zu Erdöl- und Erdgaslagern, damit der Menschheit später Energiequellen zur Verfügung stehen konnten.

Ich bin gewiß, daß eine erweiterte Auslegung schon aus dem einen Grunde zulässig ist, weil das hebräische Wort *jom* für Tag sowohl einen 12- oder 24-Stundentag wie einen Zeitraum unbestimmter Dauer bedeuten kann, daß man also statt von Schöpfungs*tagen* auch von Schöpfungs*abschnitten* sprechen darf, ohne vom biblischen Text abzuweichen. Es bleiben jedenfalls sechs, so daß auch die Festlegung der Woche auf sechs Arbeitstage nicht berührt wird. Im übrigen belegt die Bibel eindeutig, daß Gott mit seinen Zeiten andere Maßstäbe hat, als er sie für die Erde und die Menschen durch Sonne, Mond und Sterne gesetzt hat. Bekanntlich heißt es (2. Petr. 3,8): *Ein Tag ist vor dem Herrn wie tausend Jahre.* Und Psalm 90,4 sagt: *Tausend Jahre sind vor dir wie ein Tag und eine Nachtwache.* Man achte hier auf die unterschiedlichen Maße! Ein Tag mit seinen 24 Stunden und eine Nachtwache mit ihren drei Stunden: Das bedeutet nichts anderes, als daß Gottes Zeit mit unserer Zeit nicht meßbar ist. Wenn Jesaja vom Tag des Herrn, vom Tag des Zornes Gottes (Jes. 13,6.9.13) und vom Tag der Rache und der Vergeltung Gottes (Jes. 61,2; 63,4) schreibt und Paulus und Petrus in ihren Briefen darauf zurückgreifen oder wenn Jesus sagt (Joh. 9,4): *Ich muß wirken, solange es Tag ist,* und auch auf diesen Tag von den Aposteln oft hingewiesen wird, so ist damit zum einen die Zeit des Zornes Gottes, zum andern die Zeit der Gnade Gottes angesprochen. Beide dauern lange an und laufen im Grund nebeneinander her, der Wiederkunft Jesu entgegen, bis nach weiterer Zeit die Welt vergangen sein wird und Jesus das Gericht vor seinem Thron im Unsichtbaren abhält (Offb. 20,11ff.).

Dies alles zeigt, daß Gottes Zeit ein anderes Maß hat und mit ›Tag‹ oft ein langer Zeitraum gemeint ist. In der unsichtbaren Welt gibt es überhaupt keine Zeit, wie wir sie kennen. Die gewaltige Selbstbezeugung Gottes (2. Mose 3,14): *Ich bin der Ich bin,* macht deutlich, daß es bei Gott nur ständige Gegenwart gibt, keine Vergangenheit und keine Zukunft nach unserem Verständnis. Entsprechend ist auch das Wort Jesu zu verstehen (Joh. 8,58): *Ehe denn Abraham ward, bin ich.* Wir urteilen zu oft, wenn es um biblische

Sachverhalte geht, von den Verhältnissen der sichtbaren Welt aus, statt daran zu denken, daß wir vom Unsichtbaren aus mit seinen ganz anderen Gegebenheiten urteilen sollten.

Gottes Wege

Es wird uns nicht umsonst gesagt (Jes. 55,8-9): *Meine Gedanken sind nicht eure Gedanken, und eure Wege sind nicht meine Wege, spricht der Herr, sondern so viel der Himmel höher ist als die Erde, so sind auch meine Wege höher als eure Wege und meine Gedanken als eure Gedanken.* So wird Gott auch bei der Schöpfung der Welt andere Wege gegangen sein, als es dem buchstäblichen Wortlaut und Verständnis entspricht. Ich bin überzeugt, daß Gott die Welt in sechs 24-Stundentagen erschaffen haben *kann,* aber ich bin nicht davon überzeugt, daß er das *getan hat.* Ich weiß von einigen Naturwissenschaftlern, daß sie eine Auslegung des Schöpfungsberichts nur als Schöpfungsvorgang von sechs 24-Stundentagen als biblisch richtig gelten lassen wollen, weil die wissenschaftlich ermittelten Altersangaben von Weltall und Erde fehlerhaft seien und die geologischen Vorgänge schon für die Zeit der Sintflut angenommen werden können. Ich lasse ihnen und allen, die ebenso glauben, gern ihre Überzeugung. Wie im 1. Kapitel ausgeführt, sind für mich die Anfangskapitel der Bibel prophetisches Wort Gottes, und dessen Auslegung ist nicht immer leicht, mitunter nicht voll oder zutreffend zu erfassen. So darf man die eine Auslegung neben der anderen gelten lassen in dem Bewußtsein, daß keiner die Richtigkeit seiner Sicht beweisen und jeder sich irren kann. Entscheidend ist, daß Gott in allem die Ehre gegeben wird als dem Schöpfer, der alles, was er schaffen wollte, bestens bereitet hat.

Überdies erfahren wir Gott in der Bibel und im Leben oft als einen Gott, der die Dinge entstehen, wachsen und reifen läßt. Deshalb meine ich, daß man auch den Schöpfungsvorgängen ein natürliches Werden beilegen darf, wie ich es bei meiner Auslegung getan habe. Ich erinnere an meine Feststellung im 3. Kapitel (S. 40/41), daß der Schöpfungsbericht selbst zum Abschluß von einem Schaffen und einem Werden bei den Schöpfungsvorgängen spricht. Dieses Miteinander darf natürlich nicht im Sinne einer mechanistisch-deistischen Vorstellung verstanden werden, daß Gott nur den Anstoß gegeben habe und das Weitere sich selbst entfalten ließ. Es geht vielmehr um eine komplementäre Sicht, im Sinne einer creatio continua, daß Gott den Entwicklungsprozeß stets überwacht und mit seinem Worte gelenkt hat, bis er feststellen konnte und es durch sein Wort bestätigte, daß das Ergebnis gut war. Ich bin überzeugt, daß Gott auch heute noch über seiner Schöpfung wacht und mit Zorn wahrnimmt, wie durch leichtfertiges, unverantwortliches Handeln der Menschen seine gute Schöpfung verdorben und zerstört wird.

Noch eine weitere Überlegung ist mir wichtig. Warum war Gott bei der Erschaffung des Weltalls so verschwenderisch? Hätte nicht unsere Milchstraße genügt, um uns Menschen einen prächtigen Sternenhimmel zu geben, der alles geliefert hätte, wozu Gott die Sterne erschuf? Warum hat Gott die vielen Milliarden von Galaxien im Weltall geschaffen? Ich meine, wir können in etwa erkennen, was er sich dabei gedacht hat. Wenn es nur die eine Milchstraße mit ihren zahllosen selbstleuchtenden Sternen gäbe, so könnte man mit einer Wahrscheinlichkeitsrechnung feststellen, daß es ein Sonnensystem wie das unsrige (ein selbstleuchtender Stern mit Begleitern) nicht zufällig geben kann, sondern daß es eine Besonderheit ist, etwas von einem ›großen Geist‹ Erdachtes. Bei der riesigen Zahl von Galaxien im Weltall aber könnte, ebenfalls nach Wahrscheinlichkeitsrechnung, in der Menge aller Galaxien etwa ein Dutzend Sonnensysteme durch Zufall existieren. Das Vorkommen einer Sonne mit Begleitern ist also in unserem Weltall – gleichgültig, wie man es versteht, ob als etwas von selbst Gewordenes oder als etwas schon immer Vorhandenes – nichts Besonderes. Unsere Milchstraße wäre dann eben eine der Galaxien, die einen selbstleuchtenden Stern mit Begleitern aufweist. Das aber ist es, worauf es Gott ankommt. Er will nicht durch irgend etwas Sichtbares erkennbar oder gar beweisbar sein, er will nur auf sein Wort hin geglaubt sein (Röm. 10,17; 2. Kor. 5,7). Darum läßt er zu, daß Menschen mit ihrem rationalen Denken evolutionäre Vorstellungen entwickeln, wie die Welt und in ihr die Erde und der Mensch durch ›Zufall und Notwendigkeit‹ entstanden sein könnten. Aus dem gleichen Grunde brauchen auch lange Zeiträume bei den Schöpfungsvorgängen nicht als störend oder unbiblisch empfunden zu werden.

6. Erschaffung der ersten Lebewesen

Wassertiere und Vögel

Verse 20-21: *Und Gott sprach: Es wimmle das Wasser von lebendigem Getier, und Vögel sollen fliegen auf Erden unter der Feste des Himmels. Und Gott schuf große Walfische und alles Getier, das da lebt und webt, davon das Wasser wimmelt, ein jedes nach seiner Art, und alle gefiederten Vögel, einen jeden nach seiner Art. Und Gott sah, daß es gut war.* Für die Pflanzen hatte Gott das Erdreich am Schöpfungsvorgang beteiligt, indem er gebot, daß die Erde Gras und Kraut aufgehen lasse. So gebietet er nun dem Wasser, daß es teilhabe an der Erzeugung von Getier, das im Wasser lebt. Und ich meine, daß man dem Wirken Gottes am ehesten gerecht wird, wenn man wiederum annimmt, Gottes Wort setzt den Anfang des Lebens durch Kontingenz. Bei den Pflanzen war es der Same. So ist es hier die befruchtete Eizelle. Gott gebietet, daß im Wasser unterschiedlicher Laich entstehe, d.h. in Gallerte eingehüllte befruchtete Eier von Fischen, Amphibien und anderen Tieren des Wassers. Dieser Laich hat mit der Befruchtung zugleich die notwendige genetische Information empfangen, welche Arten von Tieren daraus entstehen sollen. So wirkt sich erneut das schöpferische Wort Gottes aus. Und das wissenschaftlich begleitende Verständnis beruht wieder auf dem Begriff der Kontingenz. Gott spricht vom Unsichtbaren in das Sichtbare hinein, sein dynamisches Wort setzt sich im Sichtbaren um in physikalisch meßbares Geschehen, in kontingente Ereignisse, und diese bilden über Atome und Moleküle den Laich, wie ihn Gott nach seinem Plan entstehen lassen will. Damit ist – molekularbiologisch gesprochen – die genetische Information für die verschiedenen Arten von Wassertieren gegeben, wie es der biblische Text aussagt: *Ein jedes nach seiner Art.* Als Bestätigung, wie mannigfach Gottes Wort wirkt, wird angegeben, daß Gott auch die großen Walfische schuf, die zwar im Wasser leben, aber zu den Säugetieren gehören.

Gott ruft nicht nur die Wassertiere ins Leben; auch die Luft soll voll Leben sein. Es sollen Vögel die Erde bevölkern und unter dem Himmel umherfliegen. Dazu schafft Gott durch sein Wort das befruchtete Vogelei und gibt jedem Ei seine spezifische genetische Information, so daß verschiedene Arten entstehen. Denn wenn er spricht, so geschieht's (Ps. 33,9). Die Sonne hatte die befruchteten Eier auszubrüten, und so gewannen die ersten Vögel, ein jeder nach seiner Art, ihr Leben. (Zu »*Feste des Himmels*« s. S. 53.) Auch hier kann man das Entstehen von befruchteten Eiern durch Gottes Wort – wissenschaftlich verstanden – auf den Begriff der Kontingenz zurückführen, wie es für das Entstehen von Laich für Wassertiere ausgeführt wurde. Beide Prozesse, das Schaffen und Werden von Wassertieren und das Schaffen und Werden von Vögeln, haben sicherlich ihre Zeit erfordert: nach und nach werden die einzelnen Arten entstanden sein. Und wie bei den früheren Schöpfungsvorgängen hat Gott auch hier das Werden des Lebens überwacht und gelenkt. Denn wiederum heißt es: *Und Gott sah, daß es gut war.*

Aber Gott tat bei den ersten Tieren noch ein übriges. Vers 22: *Und Gott segnete sie und sprach: Seid fruchtbar und mehret euch und erfüllt das Wasser im Meer, und die Vögel sollen sich mehren auf Erden. Da ward aus Abend und Morgen der fünfte Tag.* Damit kam ein neues Element in das Wirken Gottes hinein, das Segnen des Lebendigen. Bei diesem Segnen ging es um die ursprüngliche Bedeutung des Wortes: Der Schöpfer gibt die Fähigkeit, fruchtbar zu sein und sich zu mehren. Gott hatte zwar mit der in seinem Wort enthaltenen genetischen Information die *Anlage* zu einem Sichvermehren wie bei den Pflanzen bereits gegeben. Aber mit Bedacht wiederholte er diese seine Gabe der Fruchtbarkeit bei den ersten Tieren in der Form des Segnens. Gott wollte sein Werk bei ihnen, den Wassertieren und den Vögeln, als etwas Besonderes verstanden wissen. Es sollte seine unmittelbare Beziehung zum eigentlich Lebendigen offenbar gemacht werden. Hier erwies sich in einer ersten Ausprägung, daß Gott »das Leben hat in sich selbst«, wie es Jesus später formulierte (Joh. 5,26), und daß bei der hier geschilderten besonderen Zuwendung des Schöpfers zu einem Leben empfangenden Geschöpf ein erstes Übertragen von Gottes Lebenskraft stattfand.

Die Landtiere

Verse 24-25: *Und Gott sprach: Die Erde bringe hervor lebendiges Getier, ein jedes nach seiner Art: Vieh, Gewürm und Tiere des Feldes, ein jedes nach seiner Art. Und es geschah so. Und Gott machte die Tiere des Feldes, ein jedes nach seiner Art, und das Vieh nach seiner Art und alles Gewürm des Erdbodens nach seiner Art. Und Gott sah, daß es gut war.* Wieder beteiligt Gott das bereits Geschaffene an dem weiteren Schöpfungswerk und zwar ein zweites Mal die Erde. Nur ist es dieses Mal schwieriger, sich in den Vorgang hineinzudenken. Denn bei dem Vieh (damit sind die den Menschen dienenden Haustiere gemeint) und bei den Tieren des Feldes (damit sind die frei lebenden, auch die wilden Tiere gemeint) geht es weithin um Säugetiere, bei denen Zeugung und Austragen des Embryos im Muttertier erfolgen. Wie soll da die Erde etwas hervorbringen? Jedoch der Vorgang des Zeugens geschieht auch bei den Säugern mittels Befruchtung eines weiblichen Eies durch einen männlichen Samen. Der Anfang von Leben ist auch hier wieder der gleiche. So liegt es nahe, Gottes schöpferisches Wirken wie früher anzunehmen, daß er das befruchtete Ei durch sein Wort schuf und jedem befruchteten Ei die genetische Information mitgab, diesmal für Landtiere, die werden sollten. Da aber noch keins von diesen Tieren vorhanden war und die Erde von Gott mit dem Hervorbringen beauftragt wurde, muß man weiter annehmen, daß die Zeugung der ersten Landtiere durch Gottes Wort im Erdreich geschah, in einer von Gott dazu geschaffenen Embryonenhülle, die das entstehende Embryo ernährte und heranwachsen ließ, bis Gott es zur Geburt herausrief. Und die Jungtiere, die so entstanden, waren fähig, sich zu bewegen und Nahrung zu suchen. Gott hatte dazu den Tieren den Instinkt gegeben.

Die Insekten sind weder bei den Vögeln noch bei den Landtieren erwähnt. Aber auch sie gehören zu den wichtigen Geschöpfen Gottes. Denn die Pflanzen sind weithin auf eine Bestäubung angewiesen, die nach Gottes Plan durch Insekten vermittelt wird. Deshalb liegt es nahe, die Erschaffung der Insekten mit den Vögeln, schon für den fünften Schöpfungstag, anzunehmen. Denn auch sie vermehren sich auf Erden, da sie im allgemeinen Eierleger sind, und erfüllen die Luft, wie es Gott den Vögeln geboten hat. Da es aber auch Insekten gibt, die eine Zwischenform als Larve (Raupe oder Made) durchlaufen, kann man die Erschaffung dieser Art von Insekten auch erst für den sechsten Schöpfungstag mit den als Gewürm bezeichneten Landtieren ansetzen. Jedenfalls hat Gott auch hier bis zum

Werden von unansehnlichem Gewürm alles gelenkt, wie es zum Abschluß wiederum ausgesagt wird: *Und Gott sah, daß es gut war.* Was aber auffällt, ist, daß bei den Landtieren nichts von einem Segen zur Fruchtbarkeit und Vermehrung gesagt wird. Einen solchen Segen hatte sich Gott in anderer Weise vorbehalten.

Der Mensch

Verse 26-27: *Und Gott sprach: Lasset uns Menschen machen, ein Bild, das uns gleich sei, die da herrschen über die Fische im Meer und über die Vögel unter dem Himmel und über das Vieh und über alle Tiere des Feldes und über alles Gewürm, das auf Erden kriecht. Und Gott schuf den Menschen zu seinem Bilde, zum Bilde Gottes schuf er ihn; und schuf sie als Mann und Weib.* Damit hebt sich der Vorgang der Erschaffung des Menschen stark ab von allen vorangehenden Schöpfungsakten. Es wird nicht geboten, sondern es wird die Absicht Gottes hervorgehoben, Menschen zu ›machen‹. Damit bezeugt Gott auf das eindrücklichste sein Ziel: Er will auf der Erde Menschen haben. Dazu ist die Erde bereitet. Diese Absicht wird ausführlich damit begründet, wem sie gleichen und wozu sie dasein sollen. Hin und wieder war bei der Schöpfung von Dingen ihr Zweck angegeben worden, z.B. bei der Feste, bei der Sammlung der Meere, bei der Bildung der Gestirne. Aber in der Weise, wie es für den Menschen geschah, war es einmalig. Diese Besonderheit ist nur so zu verstehen, daß Gott mit der Erschaffung des Menschen auf das Ziel und den Höhepunkt seiner Schöpfung zuging. Alle vorausgegangenen Schöpfungsvorgänge dienten nur dazu, mit der Erde, als einem Planeten der Sonne im Weltall, den Ort für Menschen und mit der Bewohnbarkeit der Erde die Existenzmöglichkeit für sie zu bereiten. Jetzt soll nun dieses Wesen kommen und die Erde für sich in Besitz nehmen. Und da wird einfach nur festgestellt: *Gott schuf den Menschen zu seinem Bil-*

de, zum Bilde Gottes schuf er ihn; und schuf sie als Mann und Weib. Wie das geschah, bleibt vorerst ein Geheimnis.

Daß Gott den Menschen zu seinem Ebenbilde schuf, erhebt diesen weit über die anderen Geschöpfe. Mit dieser Ebenbildlichkeit ist keine äußerliche, das Aussehen oder die Gestalt betreffende Ähnlichkeit gemeint, sondern eine wesensmäßige Übereinstimmung, das Personhafte. Wie Gott einen freien Willen hat, sprechen und hören, empfinden und handeln kann, so verleiht er dem Menschen Willensfreiheit, Sprach- und Hörvermögen, Gefühls- und Handlungsfähigkeit. Das ist aber nicht alles. Die Ebenbildlichkeit umfaßt weit mehr. Sie erhebt den Menschen zum Partner Gottes, zu einem freien Gegenüber, zu einem Du, das mit Gott – trotz des unüberbrückbaren Abstandes – in Kontakt treten darf und soll. Und schließlich beinhaltet die Ebenbildlichkeit, daß dem Menschen aufgrund der Auszeichnung, über die Erde und alle Geschöpfe zu herrschen, ein Repräsentieren Gottes auf der Erde übertragen wurde, das zur Verantwortung vor Gott verpflichtet.

Außerdem wurden sie zweigeschlechtlich geschaffen, als Mann und Weib, und empfingen einen außergewöhnlichen Segen. Vers 28: *Und Gott segnete sie und sprach zu ihnen: Seid fruchtbar und mehret euch und füllet die Erde und machet sie euch untertan und herrschet über die Fische im Meer und über die Vögel unter dem Himmel und über das Vieh und über alles Getier, das auf Erden kriecht.* Dieser Segen ging weit über das hinaus, was den zuerst geschaffenen Tieren, den Vögeln und Fischen, als Segen gegeben wurde. Denn er umfaßte nicht nur die Gabe der Fruchtbarkeit und Vermehrung, sondern enthielt auch einen gewaltigen Auftrag: sich die Erde untertan zu machen und über alle anderen Geschöpfe zu herrschen.

Am Ende des sechsten Schöpfungstages waren die ersten Menschen nun da. Gott segnete sie und sprach mit ihnen und wies ihnen auch die zuvor geschaffenen Pflanzen und Bäume mit Früchten als Nahrungsspender zu. Vers 29:

Und Gott sprach: Sehet da, ich habe euch gegeben alle Pflanzen, die Samen bringen, und alle Bäume mit Früchten, die Samen bringen, zu eurer Speise. Ebenso wurde von Gott den Tieren der Weg zur Nahrungssuche gewiesen. Vers 30: *Aber allen Tieren auf Erden und allen Vögeln unter dem Himmel und allem Gewürm, das auf Erden lebt, habe ich alles grüne Kraut zur Nahrung gegeben.* Den Abschluß bildete die Feststellung, daß Gottes gute Ordnung angenommen und eingehalten wurde: *Und es geschah so.* Gott selbst überblickte noch einmal sein ganzes Schöpfungswerk, vergewisserte sich des guten Zusammenspiels von allem Geschaffenen und war voll befriedigt. Vers 31: *Und Gott sah an alles, was er gemacht hatte, und siehe, es war sehr gut.* Es war nicht nur gut, wie es früher stets bestätigt wurde, sondern das Schöpfungswerk als Ganzes war sehr gut. Und dieses Urteil darf dahin verstanden werden, daß das gesamte Werk von Gottes Schöpfung – in allen seinen Teilen und ihrem Ganzen – für den Zweck, zu dem Gott es geplant und ausgeführt hatte, alle Erfordernisse in Vollkommenheit erfüllte. Nur Gott kann etwas schaffen, das das Prädikat sehr gut verdient. *Da ward aus Abend und Morgen der sechste Tag.*

Ein Kommentar

Der sechste Schöpfungsabschnitt, mit dem Gottes Schöpfungswerk dem Ende zuging, umfaßte das Erschaffen der Landtiere und der ersten Menschen. Es erscheint mir wichtig, daß diese beiden Schöpfungsakte im gleichen Zeitraum geschahen. Offensichtlich hat das zu bedeuten, daß sie ihrem natürlichen Wesen nach zusammengehörten. Es kommt hinzu, daß die Erschaffung der Landtiere noch nicht abgeschlossen war, als Gott das Kommen der Menschen ankündigte. Denn es fehlte noch der Segen für Fruchtbarkeit und Vermehrung, den die Landtiere von Gott gewiß ebenso zugedacht bekommen hatten wie die Wassertiere und die Vögel. Die Ankündigung Gottes,

Menschen zu machen, erfolgte, als die Landtiere, jedes nach seiner Art, bereits da waren. So leitete sie im Grunde nur zu seinem letzten und höchsten Schöpfungswerk über, und damit ist dieses, die Erschaffung der ersten Menschen, als krönender Abschluß der Erschaffung der Landtiere zu zu verstehen. Als Gott dann die Menschen segnete und zu ihnen sprach: Seid fruchtbar und mehret euch, da wurden in diesen Segen auch die Landtiere eingeschlossen. Daß sie erst über den Menschen den Segen erhielten, der ihnen noch fehlte, zeigt, daß Landtiere und Menschen vor Gott in gewisser Weise eine Einheit bilden. Der dem Segen angeschlossene Auftrag zu herrschen, galt natürlich nur den Menschen. Denn das war ihnen bereits angekündigt, als Gott beabsichtigte, Menschen zu machen (Vers 26).

Von der hier gegebenen Sicht aus wage ich die Auslegung, daß *eine* der Arten Landtiere, die Gott von der Erde hervorbringen ließ (Vers 24), von menschlicher Gestalt war, so daß sie in den prähistorischen Wissenschaften schon als »homo« (das lateinische Wort für Mensch) bezeichnet wurde. Biblisch gesehen kommt ihnen aber der Name ›Mensch‹ nicht zu. Wie Gott diese Art dann lenkte, so wuchs sie heran und machte die Entwicklung zum »homo sapiens« (einen vernunftbegabten Wesen) durch. Aus diesem ließ Gott nach seinem Plan den ersten Menschen hervorgehen. *Wie* das geschah, bleibt, wie bereits gesagt, ein Geheimnis, das erst im Zusatz gelüftet wird (siehe 9. Kap.). Im Schöpfungsbericht heißt es nur: *Laßt uns Menschen machen!* Dieser machtvolle Entschluß, in dem sich mit dem ›uns‹ wohl der Dreieinige Gott offenbarte, führte zu dem Geheimnis der Erwählung und der Berufung des ersten Menschen.

Diese sicher etwas befremdende Betrachtung darf nicht dahin verstanden werden, als ob mit der Art »homo« oder »homo sapiens« von Präadamiten die Rede sei. Darauf komme ich noch zurück. Vorerst geht es nur darum, daß zwei Begriffe auseinanderzuhalten sind: die wissenschaftliche Bezeichnung »homo sapiens« und die biblische Bezeichnung »Mensch«. In 1. Mose 5,1-2 heißt es: *Als Gott den Menschen schuf, machte er ihn nach dem Bilde Gottes und schuf sie als Mann und Weib und segnete sie und gab ihnen den Namen Mensch zur Zeit, als sie geschaffen wurden.* Das bedeutet, daß wir Menschen im Grunde zwei Gattungsnamen haben: zum einen »homo sapiens« als wissenschaftliche, zum andern »Mensch« als biblische Kennzeichnung. Es besagt weiter, daß der uns von Gott gegebene Name mehr beinhaltet als die wissenschaftliche Bezeichnung. Der wesentliche Unterschied ergibt sich durch die Begabung mit dem Odem des Lebens, dem Geist Gottes (1. Mose 2,7). Mathematisch ist dieser Unterschied in die Formel zu fassen: homo sapiens + pneuma = Mensch. Auf die damit zusammenhängenden Fragen wird in späteren Kapiteln eingegangen.

Keine Evolution

So waren nunmehr die von Gott gewollten Arten von Lebewesen gebildet, hatten sich vermehrt und bevölkerten das Wasser, die Luft und das Land, wie er ihnen den Lebensraum zugewiesen hatte. Angefangen von den Pflanzen und Bäumen waren alle Geschöpfe unter Mitbeteiligung der Erde geschaffen worden, hatten also für ihren organischen Aufbau und ihre Weiterentwicklung keine andere Materie empfangen, als sie von Gott durch sein Wort dem Sonnensystem und der Erde mitgegeben worden war. Zu den Lebewesen auf dem Land gehörte insbesondere die Art »homo«, die nach Gottes Plan von Anfang an ihr eigenes Wesen hatte unter den Säugern. Von Gott gelenkt entwickelte sie sich nach Leib, Seele und Geist zu einem vernunftbegabten Lebewesen, vermehrte sich und bevölkerte als »homines sapientes« einen Teil der Erde. Diese waren aber, wie bereits gesagt, nicht Menschen im Sinne der Bibel.

Was ich hier über eine Entwicklung der von Gott besonders gelenkten Art ausgesagt habe, darf nicht evolutionistisch verstanden werden. Ich zitiere[15]: »Tatsächlich kennen wir heute manche Grundregeln, nach denen eine bestimmte Tierart allmählich während aufeinander folgenden Generationen eine Anzahl erblicher Veränderungen durchmachen kann.« »Wir nennen das zwar Mikro- Evolution, aber selbst das ist irreführend, denn in Wirklichkeit hat das nichts mit Evolution zu tun. Es ist ganz einfach Variation, Veränderung; Schwankung, nicht Aufsteigen.« Es handelt sich um Veränderungen *innerhalb* einer Art, allein durch das bewirkt, was Gott mit der genetischen Information in die Art hineingelegt hat. Es geht nicht um ein Aufsteigen von einer niederen zu einer höheren Art, wie es von der Evolutionslehre vertreten wird.

Es darf uns auch nicht verwundern, daß Gott die erste Zeugung bei den Säugern durch Mitwirken der Erde bewirkte, daß auch die Art »homo« mit der entsprechenden genetischen Information so entstand. Denn genau das wird vom Worte Gottes bezeugt. Psalm 139,14-15 besagt: *Ich danke dir dafür, daß ich wunderbar gemacht bin; wunderbar sind deine Werke, das erkennt meine Seele. Es war dir mein Gebein nicht verborgen, als ich im Verborgenen gemacht wurde, als ich gebildet wurde unten in der Erde.* Man beachte, daß diese Erkenntnis durch die Seele vermittelt wurde, nicht durch den Verstand, den Geist.

Der Menschensohn

Ich habe mich bei meiner Auslegung, wie ich meine, an den Wortlaut der Schrift gehalten und werde für die Schilderung der eigentlichen Menschwerdung darauf zurückgreifen, wenn es um die Klärung geht, *wie* Gott die Erschaf-

[15] W.J. Ouweneel, Was lehrt die Bibel? Heft 3: Schöpfung oder Evolution? Ernst Paulus Verlag, Neustadt/Weinstraße 1977, S. 20 und 21.

fung des Menschen nach seinem Bilde bewirkte. Bisher ging es hauptsächlich um die Aussage: *die Erde bringe hervor* und um ein vorbereitendes *Machen* Gottes bis hin zum nicht näher beschriebenen Schaffen der ersten Menschen. Natürlich ist meine Auslegung nur *eine* Möglichkeit, auf Textstellen einzugehen, die meines Wissens exegetisch noch nicht berücksichtigt worden sind. Und wie ich schon betont habe: Niemand weiß die volle Wahrheit. Auch hier ist all unser Wissen Stückwerk. Naheliegenderweise möchte ich zu einem entsprechenden Sachverhalt etwas zitieren, zu der Frage nach Zeugung und Geburt Jesu[16].

»Der Ausdruck ›übernatürliche Geburt‹ ist unzutreffend und irreführend. Die Geburt Jesu ist eine ganz natürliche. Er kommt auf die Erde wie jedes andere Kind auch. Er wird in Windeln gewickelt und in die Krippe gelegt. Er wird genährt und wächst auf als wirkliches Kind. Das Übernatürliche bei diesem Geschehen ist nur die Empfängnis. Wie dürfen wir in dieser Hinsicht die geheimnisvollen Worte verstehen, die der Engel zu Maria sagt? Zweierlei ist es, wovon er spricht. Beides ist aufschlußreich. Einmal: ›Heiliger Geist wird über dich kommen.‹ Wozu wohl? Um die Stätte zu bereiten! Vom Unsichtbaren her umhüllt Gottes Geist Maria, um sie zu reinigen, zu heiligen. Er hüllt sie ein und durchdringt sie, um sie zu einem Gefäß zu machen, das wirklich rein und heilig ist . . . Sie soll gereinigt werden für das Große, das Gott an ihr tun will.

Nun das andere: ›Die Kraft des Höchsten wird dich überschatten.‹ Was soll damit gesagt werden? Nichts anderes als: Das Wort Gottes wird an Maria und in ihr wirken. Denn ›Kraft des Höchsten‹ ist das Wort Gottes. Auffallend ist hier das Wort ›überschatten‹. Doch die Bibel hilft zum Verstehen. Bei der Verklärung Jesu heißt es (Luk. 9,34-35): ›Da kam eine Wolke und überschattete sie (die Jünger);

[16] Aus H. Rohrbach, Das anstößige Glaubensbekenntnis, Brunnen Verlag, Gießen 1987, S. 58-61.

und sie erschraken, da sie die Wolke überzog. Und es geschah eine Stimme aus der Wolke, die sprach: Dieser ist mein auserwählter Sohn, auf den sollt ihr hören.‹ Es war Gott, der sich den Jüngern in einer Wolke näherte. So geschieht es stets, wenn Gott sich Menschen nahen will. Man denke nur an die Begegnungen Gottes mit Mose. Die Wolke hat ihn zu verbergen. Denn wer Gott sieht, muß sterben.

Von dem Überschattetsein der Jünger her darf man annehmen, daß Gott sich in gleicher Weise der Jungfrau Maria nähert, in einer Wolke sie überschattet und aus dieser sein schöpferisches Wort an sie richtet. Denn es ist ein Schöpfungswerk Gottes, das an Maria geschieht, ähnlich wie es im Schöpfungsbericht bezeugt wird. ... Und wie es da weiter heißt: ›Gott sprach: Die Erde bringe hervor lebendiges Getier, ein jedes nach seiner Art ... und es geschah also‹, so – aber viel größer und viel mächtiger geschieht es hier an Maria. Gott spricht sein ›Es werde‹ in sie hinein, damit die neue Schöpfung eingeleitet werde.

Das ist es, was gemeint ist mit den Worten: ›Die Kraft des Höchsten wird dich überschatten.‹ Gottes Wort geht ein in Maria und *schafft* das befruchtete Ei: ›Das Wort ward Fleisch.‹ Jesus Christus ist der Erstling der neuen Schöpfung. Er ist der wahre Mensch, der Mensch nach Gottes Herzen, das wirkliche Ebenbild Gottes. ... Hier bedient sich Gott der Kräfte seiner ersten Schöpfung, die er selbst in sie hineingelegt hat, als der Mensch noch Gottes Ebenbild war, um den Erstling der neuen Schöpfung hervorzubringen. ...«

So weit das Zitat. Ich bin überzeugt, daß Parallelen gezogen werden dürfen im Handeln Gottes bei der ersten und bei der zweiten Schöpfung. So wie er seinen Sohn im Schoße der Jungfrau Maria durch sein Wort gezeugt hat, so ist es nach meinem Verständnis auch vor sich gegangen, als er bei der ersten Schöpfung gebot: Die Erde bringe hervor! Man braucht nur anzunehmen, daß Gott als Vorbereitung eine Art ›Mutterschoß‹ im Erdreich entstehen ließ zur Aufnahme des befruchteten Eies.

7. Der Abschluß des Schöpfungsberichtes

Die Vollendung

In einer erhabenen Kundgebung läßt Gott uns durch den von ihm begabten Propheten das Ende seines Schöpfungswerkes wissen. Es heißt (1. Mose 2,1-4a): *So wurden vollendet Himmel und Erde mit ihrem ganzen Heer. Und so vollendete Gott am siebenten Tage seine Werke, die er machte, und ruhte am siebenten Tage von allen seinen Werken, die er gemacht hatte. Und Gott segnete den siebenten Tag und heiligte ihn, weil er an ihm ruhte von allen seinen Werken, die Gott geschaffen und gemacht hatte. So sind Himmel und Erde geworden, als sie geschaffen wurden.* In dreifacher Form wird hier die Vollendung der Schöpfung Gottes verkündet, so, als ob der Dreieinige Gott mit diesen Worten gepriesen werden soll. Merkwürdig aber ist die Aussage, daß Gott nicht am sechsten Schöpfungstage seine Werke vollendet hat, sondern erst am siebenten Tage. So gehören also die Ruhe, der Segen und die Heiligung, die Gott am siebenten Tage vollzieht, noch zum Schöpfungswerk dazu.

Weiter fällt auf, daß – im ganzen Schöpfungsbericht – die Zeitangabe für die Schöpfungstage (wie gesagt, ziehe ich vor, von Schöpfungsabschnitten zu sprechen) in einer etwas ungewohnten Weise herausgestellt wird. Es heißt jeweils: Da ward aus Abend und Morgen der erste Tag . . . Da ward aus Abend und Morgen der sechste Tag. Das entspricht der israelitischen Tageseinteilung, bei der der Tag mit 6 Uhr abends beginnt und am nächsten Abend um 6 Uhr endet. Richtiger muß man es umgekehrt verstehen. Weil im Schöpfungsbericht die Begrenzung eines 24-Stundentages so angegeben wurde, hat sie sich im Leben des Volkes Israel so eingebürgert. Im Schöpfungsbericht kommt hinzu, daß vom ersten Schöpfungstag nicht der Anfang, vom siebenten Schöpfungstag nicht das Ende genannt wird. Die Aufmerksamkeit des Lesers oder Hörers wird stets auf den Übergang von einem zum anderen Tag gelenkt, auf den Zeitraum zwischen dem Abschluß des einen Schöpfungswerkes und dem Beginn eines weiteren Schöpfungswerkes. Es ist also durchaus denkbar, daß diese dazwischen liegenden Zeiträume von langer Dauer waren und das Werden und Sichentwickeln der von Gott gewirkten Schöpfungen aufnahmen. Die Schöpfungstage brauchen also nicht im Rahmen einer zusammenhängenden Woche aufeinander gefolgt zu sein und können trotzdem den Begriff der Woche konstituiert haben. Der erste Schöpfungstag begann mit dem Einsetzen der schöpferischen Tätigkeit Gottes, mit Vers 3: Gott sprach: Es werde Licht! Und der siebente Schöpfungstag ist noch nicht abgeschlossen, von ihm ist nur der Anfang genannt, der mit dem Ruhen Gottes von allen seinen Werken einsetzte. Das bedeutet, daß auch wir Heutigen noch im siebenten Schöpfungstag leben. Sein Ende fällt mit dem Ende der Welt und der Zeit zusammen, wie der Beginn des ersten Schöpfungstages den Anfang von Welt und Zeit gebracht hat. Das Ende des siebenten Schöpfungstages ist mit dem Ende allen Geschaffenen mehrfach verheißen. Ihm folgt die Ewigkeit.

So steht geschrieben (Jes. 65,17): *Siehe, ich will einen neuen Himmel und eine neue Erde schaffen, daß man der vorigen nicht mehr gedenken und sie nicht mehr zu Herzen nehmen wird.* Und Jesus sagt (Matth. 24,35): *Himmel und Erde werden vergehen; aber meine Worte werden nicht vergehen.* Und Apostel nehmen darauf Bezug, z.B. heißt es (2. Petr. 3,13): *Wir warten aber eines neuen Himmels und einer neuen Erde nach seiner Verheißung, in welchen Gerechtigkeit wohnt.* Der Apostel Johannes sieht in einer Vision das Jüngste Gericht (Offb. 20,11): *Ich sah einen großen, weißen Thron und den, der darauf saß; und vor seinem Angesicht floh die Erde und der Himmel, und ihnen ward keine Stätte gefunden.* Dieses Gericht, das Jesus abhalten wird, findet also bereits im Unsichtbaren statt vor seinem großen, weißen Thron. Und Johannes sieht noch mehr (Offb. 21,1): *Und ich sah einen neuen Himmel und eine neue Erde; denn der erste Himmel und die erste Erde vergingen.* Für alle, die auf dieser neuen Erde leben werden, beginnt ein »Tag«, der kein Ende haben wird, und ein Leben im Lichte Gottes, das Sonne, Mond und Sterne überflüssig macht. So heißt es (Jes. 60,19-20): *Die Sonne soll nicht mehr dein Licht sein am Tage, und der Glanz des Mondes soll dir nicht mehr leuchten, sondern der Herr soll dein ewiges Licht sein und dein Gott wird dein Glanz sein. Deine Sonne wird nicht mehr untergehen und dein Mond nicht den Schein verlieren, denn der Herr wird dein ewiges Licht sein, und die Tage deines Leidens sollen ein Ende haben.* Hier wird von dem *einen* Tag gesprochen (denn einen Sonnenuntergang wird es nicht mehr geben) im Gegensatz zu den *Tagen* des Leidens auf der alten Erde. Und in Offb. 21,23.25 heißt es von dem neuen Jerusalem: *Die Stadt bedarf keiner Sonne noch des Mondes, daß sie ihr scheinen; denn die Herrlichkeit Gottes erleuchtet sie. Und die Tore werden nicht verschlossen des Tages; denn da wird keine Nacht sein.*

Das ewige Leben

Daß Gott erst am siebenten Tage seine Werke vollendete, soll uns sagen, daß die Schöpfung des Weltalls mit seinem ganzen »Heer« nicht um dessentwillen geschehen ist, sondern nur eine Vorstufe für etwas Größeres und Endgültiges darstellte. Und während diese Vorstufe die ihr bestimmte Zeit, den siebenten Schöpfungstag, durchsteht, wird sie von Gott begleitet und gelenkt, wie er es zuvor während der ersten sechs Schöpfungsabschnitte mit seinen Werken getan hat. Er selbst ruhte und ruht am siebenten Schöpfungstag, d.h. er schafft nichts Weiteres für die sichtbare Welt; sie hat alles Notwendige reichlich empfangen. Er lenkt nur als der Verborgene vom Unsichtbaren her die Menschheit und alles Geschehen auf der Erde und im Weltall durch Erwählungen, Prophetie, Weisungen und

Handlungen. Aber was er mit diesem alles umfassenden Wirken tut, ist, wie sein Wort es sagt, ein Segnen und Heiligen des siebenten Schöpfungstages, d.h. ein Zurüsten der Menschen auf das eine Ziel hin, für das er sie geschaffen hat: das ewige Leben. Denn Gottes Segnen vermittelt, wie es das Erschaffen der Lebewesen schon offenbart hat, Teilhabe an einem Leben, das Gott in sich selbst hat. Und Heiligen bewirkt ein Ausgesondertsein für Gott. Beides wird von ihm dem siebenten Tag zugeordnet und hat sich seit Beginn der Geschichte Gottes mit den Menschen immer wieder ereignet.

So war mit allem, was Gott geschaffen hat, auch dieses über alle Maßen große Heil mit zubereitet, als Ausdruck seiner unbegreiflichen Liebe zu uns Menschen. Es liegt als Angebot bereit. Gott hat es uns verkünden lassen durch die Propheten und zuletzt durch seinen Sohn, Jesus Christus (Hebr. 1,1). *Siehe, das Reich Gottes ist nahe zu euch gekommen* (Luk. 10,9). Die Verheißungen, die im vorangehenden Absatz angeführt sind, geben nur ein schwaches Bild von der Herrlichkeit des ewigen Lebens im Reiche Gottes. Und es bleibt auch weiterhin ein Geheimnis, solange wir auf der alten Erde leben. Was Gott uns aber in den abschließenden Worten des Schöpfungsberichts als sein alles vollendendes Schöpfungswerk erkennen und danach trachten lassen will (Matth. 6,33), ist das bereits Angeführte: die uneingeschränkte Teilhabe an dem Leben, das Gott lebt und das in ihm ist, und das beglückende Ausgesondertsein für ihn und zu ihm, die ungetrübte, durch nichts mehr gestörte Gemeinschaft mit ihm und bei ihm. Es ist verheißen (Offb. 21,3-4): *Er wird bei ihnen wohnen, und sie werden sein Volk sein, und er selbst, Gott, wird mit ihnen sein; und Gott wird abwischen alle Tränen von ihren Augen, und der Tod wird nicht mehr sein, noch Leid noch Geschrei noch Schmerz wird mehr sein; denn das Erste ist vergangen.*

Die Vorstufe ist abgelöst durch das Endgültige, und alle diese Verheißungen wird empfangen, wer an Jesus als seinen Herrn und Erlöser glaubt. Denn es steht geschrieben (Joh. 3,36): *Wer an den Sohn glaubt, der hat das ewige Leben. Wer dem Sohn nicht glaubt, der wird das Leben nicht sehen, sondern der Zorn Gottes bleibt über ihm.*

Vertrauen in die Zukunft

Diese Verheißungen haben ihre Bedeutung keineswegs verloren. Für viele Menschen sind in unserer orientierungslos gewordenen Gesellschaft die Fragen nach dem Woher und Wohin außerordentlich bedrängend: Woher komme ich? Wohin gehe ich? Religionen und Weltanschauungen aller Art nehmen diese Fragen auf, vor allem die seit einiger Zeit sich in den Vordergrund spielende New Age-Bewegung.[17] In ihrem evolutionistisch geprägten Konzept schreibt sie jedem Menschen einen göttlichen Kern zu, den er durch Bewußtseinsänderung mittels mystischer Erfahrungen zu größerer Erleuchtung, zu »Gott« hin entwickeln solle. Damit gehe er als Teil des göttlichen Kosmos einer lichten Zukunft entgegen, werde durch einige Reinkarnationen hindurch sich mehr und mehr vervollkommnen und schließlich selbst ein Gott werden. Die hierbei gebrauchten Vorstellungen von »Göttlichem« und »Gott« haben nichts mit dem lebendigen Gott zu tun; sie sind Wunschträume nach Selbstwert, nach restlos ichbezogener Selbstverwirklichung. Allen derartigen humanistischen Wegen, bei denen der Mensch durch den Glauben an sich selbst sich höher entwickeln und eine heile Welt schaffen zu können meint – die New Age-Bewegung ist nur ein Beispiel –, steht das auf sein Wort gegründete Angebot des einen Gottes, der allein Gott ist, gegenüber. *Er* hat uns zu Menschen gemacht – damit wissen wir, woher wir kommen. *Er* erwartet von uns, daß wir auf ihn und seine Macht

[17] Vgl. H. Rohrbach, Faszination des Übersinnlichen, R. Brockhaus Verlag, Wuppertal 1988.

vertrauen – damit wissen wir, wie wir sinnvoll leben können. *Er* hat uns dazu bestimmt, auf einer neuen Erde, die frei ist von Leid, Schmerz, Krankheit und Tod, mit ihm in froher Gemeinschaft zu leben – damit wissen wir, wohin wir gehen. Und bei alledem geht es nicht um Wunschträume, sondern um Wahrheit, die er, unser Gott, allein verwirklichen kann und verwirklichen will. Jesus hat für uns gebetet (Joh. 17,24): *Vater, ich will, daß, wo ich bin, auch die bei mir seien, die du mir gegeben hast, auf daß sie meine Herrlichkeit sehen, die du mir gegeben hast; denn du hast mich geliebt, ehe denn die Welt gegründet ward.*

8. Schöpfung und Evolution

Nur ein *Schöpfungsbericht*

Bei den Schöpfungsaussagen der Bibel pflegt man im allgemeinen von zwei Berichten zu sprechen, einem ersten Schöpfungsbericht (1. Mose 1,1-2,4a) und einem zweiten Schöpfungsbericht (1. Mose 2,4b-25). Ferner meint man, daß sich beide Berichte in einigen Punkten widersprechen. Im ersten werde der Mensch als letztes geschaffen, nach den Pflanzen, Fischen, Vögeln und Landtieren, und zwar gleichzeitig der Mann und die Frau. Im zweiten werde als erstes der Mann geschaffen, danach Bäume, Pflanzen, Tiere und als letztes die Frau. Bei oberflächlicher Betrachtung kann man zu einem solchen Urteil kommen. Und es sind auch weitere Unterschiede feststellbar, vor allem in der Sprache und im Niveau der Darbietung. Gegenüber dem ersten Bericht, der wie ein gewaltiger Hymnus zum Lob und zur Anbetung des Schöpfers erklingt, erscheint der zweite mehr wie eine naive Erzählung mit märchenhaften Anklängen.

Zweifellos lassen sich solche Unterschiede aufweisen. Dennoch halte ich es nicht für angebracht, von zwei

Schöpfungsberichten zu sprechen. Denn nur das erste Kapitel berichtet über das *ganze* Werden der Welt, vom »Urknall« an – *es werde Licht* – bis zur Erschaffung des Menschen – *Gott schuf den Menschen ihm zum Bilde.* Demgegenüber handelt das zweite Kapitel (von Vers 4b an) nur vom Menschen und seinen Aufgaben. Das ganze Weltall und die Erde waren bereits da; nur die Feldbestellung fehlte noch, *weil kein Mensch da war, der das Land bebaute.* Alles, was im zweiten Kapitel erzählt wird, spielte sich auf einem eng begrenzten Bezirk der Erde ab, um und im Garten von Eden, und bei allem ging es nur um den Menschen. So halte ich es für richtig, nur von *einem* Schöpfungsbericht zu sprechen, der in 1. Mose 1,1-2,4a dargeboten wird, vollständig ist und bis zur Erschaffung der ersten Menschen und ihrer Beauftragung durch Gott für ihr Leben auf der Erde führt, dagegen den Bericht in 1. Mose 2, 4b-25 als eine Ergänzung, als einen *Zusatz* anzusehen, der den wichtigsten Schöpfungsakt Gottes, die Erschaffung des Menschen, ausführlicher darstellt.

Ich hatte bereits im 6. Kapitel darauf hingewiesen, daß der eigentliche Schöpfungsbericht diese Erschaffung zwar feststellt, aber das Wie der Erschaffung als ein Geheimnis stehen läßt, und daß von diesem Wie erst in 1. Mose 2,7 berichtet wird. Gerade das ist für mich die Bedeutung des zweiten Berichts, und deshalb steht er meiner Ansicht nach auch in der Bibel. Im Sinne meiner These von der rückschauenden Prophetie (vgl. 2. Kapitel) sehe ich beide Berichte als Offenbarung Gottes an, die er Propheten in Israel gegeben hat. Die unterschiedliche Ausdrucksweise in den Berichten zeigt, daß sie verschiedenen Propheten, wohl auch zu verschiedenen Zeiten, offenbart worden sind. Es ist durchaus möglich, daß zuerst der Zusatz, später der eigentliche Schöpfungsbericht empfangen wurden. Der Redaktor der biblischen Urgeschichte aber hat die beiden Berichte, in richtiger Erkenntnis ihrer Bedeutung, so angeordnet, wie sie jetzt vorliegen.

Biblischer Realismus

Ich erinnere weiter an meine Ausführungen im 3. Kapitel (S. 40-41), daß die einzelnen Schöpfungsvorgänge oft in doppelter Weise beschrieben werden. Dem Gebieten Gottes mit seinem Wort folgt die Bestätigung mit Angaben wie: *es ward* oder *es geschah so* oder *Gott machte.* Bei jeder dieser Arten von Tätigsein geht es um einen zeitlichen Ablauf: um ein Werden, um ein Geschehen, um ein Machen. Der gebieterische Ruf Gottes aus dem Unsichtbaren löste und löst im Sichtbaren einen Prozeß, ein Sichentfalten aus. Wie der Raum ist auch die Zeit ein Schöpfungswerk Gottes für das Sichtbare, und wie aus dem Unendlichen das Endliche, der Raum, entsteht, so entfaltet sich aus dem Ewigen, dem Zeitlosen, die Zeit.

Die Feststellung *Am Anfang schuf Gott die Himmel und die Erde* bezeugt mit »Anfang« den Anfang der Zeit, und seit Gottes Wort *Es werde Licht* gibt es den Raum, das Weltall und darin das Geschehen, bei dem in Raum und Zeit das durch Gottes Wort gegebene »Programm« zur Entwicklung kommt und Materie entsteht. Vorher war nichts vom Sichtbaren da, nun aber umfaßt es *Raum, Zeit* und *Materie.* Und seitdem gilt, daß einundderselbe Vorgang – vom Unsichtbaren her verstanden – ein zeitloser Akt des Setzens ist, ein Schaffen Gottes durch sein Wort, dagegen – vom Sichtbaren her verstanden – ein Ablauf in Raum und Zeit, ein Werden, wie Gott es will. Diese Schau, die sich aus dem Ineinander von Sichtbarem und Unsichtbarem ergibt, ist biblisches Wirklichkeitsverständnis, ist biblischer Realismus. Dazu gehört auch die Einsicht, daß die Raum- und Zeitdimensionen des Sichtbaren (Länge, Breite, Höhe bzw. Vergangenheit, Gegenwart, Zukunft) für das Unsichtbare nicht gelten und nicht dahin übertragen werden können. Ewigkeit und Unendlichkeit sind mit endlichen Begriffen wie Zeit und Raum nicht zu erfassen.

Evolution und Entwicklung

Beide Worte werden meistens als gleichbedeutend verstanden. Ich möchte sie aber im folgenden begrifflich unterscheiden. Unter Evolution versteht man, zunächst in der Biologie, daß sich das Leben auf der Erde, ausgehend von niederen Formen, durch die Prozesse der Mutation, der Selektion und der Speziation zu immer höheren Formen entwickelt habe. Hierbei nimmt man weiter an, daß es eine subhumane Phase – beginnend mit der zufälligen Entstehung einer Urzelle im Frühzustand der Erde – und eine humane Phase gegeben habe, die damit einsetzte, daß sich unter den Populationen der Primaten (Säugetiere) *eine* Population durch Speziation isoliert und eine eigenständige Weiterentwicklung als Hominiden (Vormenschen) erfahren habe. Aus dieser sei dann der *homo sapiens* hervorgegangen.

Diese Vorstellung einer durchgängigen Evolution, von der Urzelle zum homo sapiens, lehne ich ab, da sie niemals wissenschaftlich bewiesen wurde und die Möglichkeit eines solchen Beweises immer unwahrscheinlicher wird. Das läßt die Molekularbiologie deutlich erkennen. Ich gebe nur ein Beispiel. Das sogen. biogenetische Grundgesetz, im 19. Jahrhundert von Ernst Haeckel formuliert, nach dem der Embryo im Mutterleib einen Teil der durchgängigen Evolution (die Phylogenese) in geraffter Form nachvollziehe, ist wissenschaftlich widerlegt. Denn bereits von der befruchteten Eizelle an liegt mit der ihr gegebenen genetischen Information der ganze »Bauplan« des gezeugten Individuums vor. Träger der genetischen Information sind die Chromosomen, deren Zahl beim homo sapiens von der Zeugung an in allen Körperzellen konstant gleich 46 ist. Der Embryo erfährt bei seinem Wachstum kein Ansteigen oder Wechseln der Chromosomenzahl, wie es sein müßte, wenn das biogenetische Grundgesetz richtig wäre.[18]

[18] E. Blechschmidt, Vom Ei zum Embryo, Rowohlt, Hamburg, S. 51/52.

Die Überzeugung von der Gültigkeit einer Evolution hat also keine wissenschaftlich gesicherte Basis; sie ist nur eine Glaubensüberzeugung, die sich seit dem 18. Jahrhundert vorwiegend im wissenschaftlichen Bereich eingebürgert hat. Deshalb steht in dem Streit zwischen den Vorstellungen von einer Schöpfung oder von einer Evolution im Grunde nicht Glaube gegen Wissenschaft, sondern Glaube gegen Glaube. Doch wird die Evolution immer noch als wissenschaftlich gesichert gelehrt und hat viele andere Wissenschaftsbereiche erfaßt. Der sogenannte Fortschrittsglaube ist nichts anderes als eine evolutionistische Erscheinung. Und auch bei ihm wird immer deutlicher, daß er nicht erfüllt, was man von ihm optimistischerweise erwartet hat.[19]

Gegenüber Evolution als Vorstellung von einem durchgehenden Aufsteigen von der Urzelle bis zum Menschen verwende ich den Begriff der *Entwicklung* nur als einen stark begrenzten Zeitabschnitt, wie ich es bereits in Kapitel 6 getan habe. Es geht dabei um eine Art Mikro-Evolution, die aber nichts mit der eigentlichen Evolution zu tun hat, weil keine Aufwärtsentwicklung darunter verstanden wird, sondern lediglich eine Veränderung innerhalb derselben Art.

Unterschiedliche Vorstellungen

Das wissenschaftliche Magazin »factum« hat 1983/84 im Wechsel mit der evolutionistischen Zeitschrift AGEMUS von C. Bresch einen sechsteiligen Disput über Schöpfung und/oder Evolution veröffentlicht[20], der zwischen

[19] Für eine neuere Beurteilung der Evolution verweise ich auf Gerhard Dörr, Das betrügerische Heilsversprechen. Lehre und Ideologie des Darwinismus, TELOS 1288, Schwengeler Verlag Berneck 1987. G. Dörr hat sich vom Irrtum der Evolutionslehre überzeugen lassen.

[20] factum-Sonderdruck Schöpfung und/oder Evolution. Der Disput zwischen Prof. C. Bresch und Prof. A.E. Wilder-Smith, Schwengeler Verlag, Berneck 1985.

A.E. Wilder-Smith (bis 1970 Professor für Pharmakologie an der University of Illinois in Chicago) und Carsten Bresch (Professor für Genetik an der Universität Freiburg/Br.) über die Entstehung des Lebens auf der Erde geführt wurde. Dabei vertrat Wilder-Smith die Schöpfungslehre, Bresch die Evolutionslehre. Beide hatten den Wunsch, den Partner durch überzeugende Argumente zu einer Korrektur seiner Sicht führen zu können. Es kam zu einem längeren guten Hin und Her im Disput, aber er endete, wie zu erwarten, unentschieden. Es zeigte sich auch hierbei, daß Überzeugung gegen Überzeugung stand, deutlicher: Glaube gegen Glaube, und daß ein Wechsel in der Überzeugung nicht nur von Erkenntnis, sondern auch vom Willen des Menschen abhängt.

Aus dem Disput greife ich die unterschiedlichen Grundpositionen auf, die zum Problem Schöpfung und/oder Evolution möglich sind und die ich in Anlehnung an C. Bresch wie folgt beschreibe:

a) Entstehung des Lebens durch eine gleichzeitig erfolgende Schöpfung. Dabei wird angenommen, daß alle Lebewesen der Erde zur gleichen Zeit, innerhalb von wenigen Tagen, von Gott geschaffen wurden, ein jedes nach seiner Art. Jede Art ist besonders geschaffen. Die Lebenslinien laufen bis heute durch oder sind irgendwann in der Vergangenheit ausgestorben. Gott ist der lebendige Gott, den die Bibel bezeugt. Eine Nebenfrage ist der Zeitpunkt der Schöpfung, wieviel Tausende von Jahren er zurückliegt.

b) Entstehung des Lebens durch eine nicht gleichzeitig erfolgende Schöpfung. Hier sind die verschiedenen Arten, eine jede für sich, zu verschiedenen Zeiten von Gott erschaffen worden. Gott ist auch hier der lebendige Gott der Bibel. Die Zeitfrage bleibt offen. Die Schöpfungsvorgänge erstreckten sich über längere Zeiträume; sie erfolgten in der Reihenfolge, die die Bibel angibt.

c) Entstehung des Lebens auf einem kreationistisch-evolutionären Mittelweg. Hier wird zugelassen, daß es Abzweigungen neuer Arten aus schon bestehenden gibt und diese Abzweigungen auf direkten Eingriff einer transzendentalen Kraft, die Gott genannt wird, zustande kommen. Schöpfung einer neuen Art kann also durch Rückgriff auf eine biologisch ähnliche Art erfolgen. Gott ist dabei meist etwas Unpersönliches. Läßt man hier auch den Gott der Bibel zu, so ergibt sich eine theistische Evolution.

d) Entstehung des Lebens durch eine religiös geprägte Evolution. Hier beschränkt man sich auf einen einzigen allumfassenden transzendentalen Schöpfungsakt am Anfang des Universums, bei dem die Materie basale gesetzmäßige Eigenschaften erhält, die alle Entwicklungen spontan und determiniert ablaufen lassen, ohne weiteres Eingreifen einer transzendentalen Kraft. Nach B. Rensch[21] ist Evolution des Lebens als ein zwangsläufiger, lückenloser, kontinuierlicher Prozeß aufzufassen.

e) Entstehung des Lebens durch eine rein materialistische Evolution. Hier wird der »Urgrund der Welt« überhaupt nicht diskutiert, weil die Fragestellung sinnlos erscheint. Die Evolution ist durch ein Zufallsgeschehen entstanden, wird durch ein Spiel von Zufällen und Notwendigkeiten gesteuert, verläuft ohne jede Zielstrebigkeit, hat aber immer das letzte und entscheidende Wort.

C. Bresch ordnet sich mit Teilhard de Chardin unter die Vorstellung d) ein. Mit B. Rensch gehört auch G. Binnig zu d), St. Hawking mehr unter c). Wilder-Smith bekennt sich zu a) mit einem Beginn der Schöpfung rund 6000 Jahre vor Christus. Ich fühle mich zu b) zugehörig. Ein Vertreter von e) ist Jaques Monod. Im Falle a) und b) ist ein Verständnis der Materie entscheidend, daß ihre Struktur – vom Weltall angefangen bis zum Atom – die Einwirkung von Information voraussetzt, wenn an ihr oder mit ihr etwas geschehen soll. Ebenso ist Leben nicht ohne biochemische Information zu verstehen. Da aber Materie von sich aus keine In-

21 A.a.O., S. 25.

formation erzeugen oder speichern kann, hat man für die Entstehung von Weltall, Erde, Leben ein denkendes, planendes Wesen anzunehmen. Dies ist für jeden Glaubenden der lebendige Gott, der Vater Jesu Christi, der allein Gott ist und dessen Wort wahr ist.

Die einzige Alternative

Nach meiner Überzeugung ist es ohne eine solche Gewißheit nicht möglich, biblische Berichte als Tatsachenberichte anzunehmen. Wem aber diese Gewißheit geschenkt ist, weiß, daß die einzige Alternative zur Evolutionslehre nur der biblische Schöpfungsbericht ist. Deshalb können Vorstellungen wie c), d) und e) sämtlich abgelehnt werden als unnütze Versuche, ohne den lebendigen Gott als Schöpfer auszukommen, ebenso die phantastischen Spekulationen, die notwendige Information sei aus dem Weltraum auf die Erde gekommen, sei es durch »Lichtwellendruck«, sei es von außerirdischen Wesen, die mit Raumschiffen die Erde besuchten. Solche Spekulationen geben überhaupt keine Lösung, sondern verschieben das Problem nur von der Erde weg auf einen mit Intelligenz versehenen Planeten im Weltraum, dessen unbekannte Existenz und Intelligenz zu diesem Zweck erst zu postulieren ist.

Als einzige Alternative zur Evolution muß jedoch der biblische Schöpfungsbericht in einer Weise ausgelegt werden, daß er dem Menschen der Gegenwart als Botschaft von Gott denkmöglich wird. Es ist meine Absicht, mit dem in diesem Buch Dargelegten eine solche Auslegung zu geben, und es erscheint mir dafür gut, größere Zeiträume für die Schöpfungsvorgänge anzunehmen, um dem Rechnung zu tragen, was archäologisch und paläontologisch wissenschaftlich haltbar ist. Das kann geschehen, ohne sich bei der Auslegung auf bestimmte Zahlenwerte festzulegen, da auch die Bibel sie offen läßt. Zwei Überlegungen mögen hierzu als Begründung dienen.

Zum einen halte ich zeitlich für gerechtfertigt, was ich räumlich für richtig finde (vgl. Schluß vom 5. Kapitel). So wie Gott das Weltall mit Milliarden von Galaxien und Milliarden von Sternen geschaffen hat und damit Evolutionisten die Möglichkeit von Wahrscheinlichkeitsrechnungen gibt, so dürfen wir auch zu Milliarden von Jahren bei der Entstehung von Welt und Erde ein Ja haben und sie von Gott als zum gleichen Zweck gegeben ansehen. Gott will gegen alle wissenschaftlichen Erkenntnisse allein durch sein Wort wirken, und *wir* sollen nur seine Zeugen sein. Auch wenn die Methoden zur Altersbestimmung von Erde und Fossilien wissenschaftlich überprüft und verbessert werden und lange Zeiträume sich einst bestätigen sollten – das Entscheidende ist, daß die geologische Zeitskala aufgegeben wird, da sie nur auf den wissenschaftlich ungesicherten Annahmen der Evolutionslehre beruht. Für die Auslegung des Schöpfungsberichts brauche ich keine Milliarden und Millionen von Jahren, sie stören mich aber auch in keiner Weise.

Zum andern ist mir ein biblischer Hinweis wichtig, den ich Karl Heim verdanke. Es geht um Gottes Zusage an Israel (Jes. 43,1): *Und nun spricht der Herr, der dich geschaffen hat, Jakob, der dich gemacht hat, Israel: Fürchte dich nicht, denn ich habe dich erlöst, ich habe dich bei deinem Namen gerufen, du bist mein.* Es ist ein Wort an das Volk Israel, wie aus dem Zusammenhang hervorgeht. Von ihm wird hier gesagt, es sei von Gott *geschaffen und gemacht* worden. Das sind dieselben Verben, wie sie im Schöpfungsbericht bei der Erschaffung der ersten Menschen benutzt wurden (1. Mose 1,26-27), vor allem das hebräische Wort *bara,* das allein dem Schaffen Gottes vorbehalten ist. Wie kann aber in einer prophetischen Botschaft Gottes gesagt werden, daß Gott das Volk Israel gemacht und auch *geschaffen* habe? Die Bibel berichtet doch ausführlich, wie dieses Volk geschichtlich *geworden* ist: von der Verheißung an Abraham über Isaak und Jakob, über die 12 Stämme, den Aufenthalt und die Gefangenschaft in Ägypten und die Befreiung durch Mose bis zum Bundesschluß am Sinai. Dort erhielten sie die Botschaft (2. Mose 19,4-6): *Ihr habt gesehen, was ich mit den Ägyptern getan habe und wie ich euch getragen habe auf Adlersflügeln und euch zu mir gebracht. Werdet ihr nun meiner Stimme gehorchen und meinen Bund halten, so sollt ihr mein Eigentum sein vor allen Völkern; denn die ganze Erde ist mein. Und ihr sollt mir ein Königreich von Priestern und ein heiliges Volk sein.* Diese Berufung durch Gott kann man als das Geschaffenwerden des Volkes Israel verstehen. Damit ist es das Volk Gottes geworden, hat seine Grenzen und seinen Auftrag erhalten, nicht anders als der erste Mensch, Adam, im Garten Eden (1. Mose 2,15-17). Hier wird der biblische Realismus so deutlich, wie man es sich nur wünschen kann: der Berufung, dem Schaffen Gottes vom Unsichtbaren her, entspricht das Werden, die geschichtliche Entwicklung im Sichtbaren.

III. Der Zusatz zum Schöpfungsbericht

9. Die Erschaffung des Menschen

Einordnung des Zusatzes

Ich komme jetzt zur Auslegung des Zusatzes (1. Mose 2,4b-25). Im Gegensatz zur Auslegung des eigentlichen Schöpfungsberichtes in den Kapiteln 3 bis 6, werde ich beim Zusatz nicht auf alle Einzelheiten eingehen, sondern mich auf das für den Menschen Wesentliche beschränken.

Verse 4b-6: *Es war zu der Zeit, da Gott der Herr Erde und Himmel machte. Und alle Sträucher auf dem Felde waren noch nicht auf Erden, und all das Kraut auf dem Felde war noch nicht gewachsen; denn Gott der Herr hatte noch nicht regnen lassen auf Erden, und kein Mensch war da, der das Land bebaute; aber ein Nebel stieg auf von der Erde und feuchtete alles Land.*

Mit diesen Worten wird der Zusatz in seinem Bezug zum eigentlichen Schöpfungsbericht abgegrenzt. Gott war noch beim »Machen« von Himmel und Erde, d.h. die Schöpfung war noch nicht beendet. Man darf annehmen: Die beiden ersten Schöpfungsabschnitte waren abgeschlossen, das Weltall und die Erde mit ihrer Atmosphäre waren da und ebenso das Grün auf der Erde. Aber Gott hatte noch nicht regnen lassen, und kein Mensch war da, der das Land bebaute. Damit werden der dritte und vierte Schöpfungsabschnitt angesprochen. Statt des Regens war nur ein ständiger Nebel von der Erde aufgestiegen, der das Land feuchtete. Die dadurch bedingte »Waschküchenschicht« über der Erde ließ zwar Grünes wachsen, aber verhinderte das Sichtbarwerden von Sonne, Mond und Sternen (vgl. 5. Kapitel). Und der Begriff »Feld« beinhaltet hier offensichtlich die Feldbestellung, d.h. mit den Sträuchern und Kraut auf dem Felde sind Gewächse gemeint, die zum Zwecke der Ernährung angepflanzt werden sollten. Aber ein Mensch, der das Land bebaute, war noch nicht da. Das konnte erst im sechsten Schöpfungsabschnitt geschehen. So wird alles in allem deutlich, daß der Zusatz auf genauere Angaben über diesen letzten Schöpfungsabschnitt, insbesondere auf das Vorgehen Gottes bei der Erschaffung des ersten Menschen abzielt.

Vers 7: *Da machte Gott der Herr den Menschen aus Erde vom Acker und blies ihm den Odem des Lebens in die Nase. Und so ward der Mensch ein lebendiges Wesen.*

Hier wird näher geschildert, was im sechsten Schöpfungsabschnitt (6. Kapitel) als Geheimnis stehen gelassen war. Nunmehr soll dieser wichtige Vers, der den eigentlichen Schöpfungsakt Gottes für die Erschaffung des Menschen umfaßt, ausgelegt werden. Vorweg sei noch eine Deutung des Zusammenhangs von Schöpfungsbericht und Zusatz gegeben.

Entsprechende Aussagen

Es war bereits gesagt, daß der Zusatz im Grunde nur vom Menschen handelt und seine Erschaffung und Beauftragung ausführlicher schildert, als es im Schöpfungsbericht geschieht. Es war auch schon bemerkt, daß man die nach Inhalt und Sprache unterschiedlichen Aussagen beider Berichte auf verschiedene Propheten zurückzuführen habe. Offenbarung kann von Gott in Worten als Audition oder in Bildern als Vision geschenkt werden. Der Sachlage nach zu urteilen scheint der Prophet, dem der Zusatz offenbart wurde, vorwiegend Visionen empfangen zu haben, dagegen der Prophet, dem der Schöpfungsbericht offenbart wurde, vorwiegend Auditionen. Daß Gott den Menschen aus Erde vom Acker machte, ist zweifellos ein Bild. Ein wörtliches Verständnis widerspricht biblischem Zeugnis vom Handeln Gottes (Joh. 1,3): *Alle Dinge sind durch das*

Wort gemacht und ohne dasselbe ist nichts gemacht, was gemacht ist. Und das gilt auch vom Menschen (1. Kor. 8,6): *So haben wir doch nur einen Gott, den Vater, von welchem alle Dinge sind und wir zu ihm, und einen Herrn, Jesus Christus, durch welchen alle Dinge sind und wir durch ihn.* Gott braucht keine Hände und kein Material, um etwas zu schaffen. Denn er gebietet: *Es werde!* und daraufhin wird, was nach seinem Willen werden soll. Besonders deutlich wird das in Psalm 33,9 bestätigt.

In beiden Berichten finden sich Übereinstimmungen, die sich nur in der Ausdrucksweise unterscheiden. Das Bild im Zusatz, daß Gott den Menschen aus Erde vom Acker machte, entspricht dem Wort im Schöpfungsbericht, daß die Erde lebendiges Getier hervorbringen solle, ein jedes nach seiner Art; das gilt für ihr Werden. Für den Menschen sorgte Gott nach dem Zusatz (1. Mose 2,8): *Gott der Herr pflanzte einen Garten in Eden; er ließ aufwachsen allerlei Bäume auf Erden.* Das entspricht im Schöpfungsbericht dem Wort (1. Mose 1,29), daß er den Menschen alle Pflanzen und Bäume mit Früchten zur Speise gibt. Dies wird im Zusatz bildhaft durch den für sie angelegten Garten aufgewiesen. Jedenfalls ist klar, daß es im Zusatz nicht um die Erschaffung der Pflanzen wie in 1. Mose 1,11ff geht, sondern nur um die Anlage des Paradieses, eines Gartens, in den Adam hineingesetzt werden sollte (Vers 15). Und der Auftrag, den Garten zu bebauen und zu bewahren, entspricht dem Segenswort: Macht euch die Erde untertan. Denn ein Herrscher hatte stets das ihm Unterworfene zu schützen. Und Gott brachte alle Tiere und Vögel zum Menschen, daß er ihnen Namen gebe. Da wird zwar darauf zurückgegriffen, daß Gott die Tiere und Vögel geschaffen hat; worum es aber geht, ist der bildhafte Vorgang im Gegenüber von Adam mit den Tieren und die Namensgebung, die er vornimmt. Diese wiederum entspricht dem Auftrag im Schöpfungsbericht (1. Mose 1,28), daß die Menschen über die Tiere herrschen sollen.

Die Bibel berichtet öfter davon, daß ein Herrscher seinen Untergebenen als Zeichen seines Herrschertums Namen gibt oder ändert. Als erster wird Gott genannt, der Abram den Namen Abraham und Sarai den Namen Sara zuweist (1. Mose 17,5.15), später Jakob den Namen Israel (1. Mose 32,29). Er bestimmt auch die Namen der Söhne Abrahams zu Ismael und Isaak (1. Mose 16,11; 17,19). Nebukadnezar machte nach der Eroberung von Jerusalem Mattanja zum König von Juda und wandelte seinen Namen um in Zedekia (2. Kön. 24,17). Und in Babel wurden durch den obersten Kämmerer von Nebukadnezar die drei Judäer Daniel, Hananja und Mischael umbenannt in Beltschazar, Schadrach und Abed-Nego.

Zusammenfassend sei daran erinnert, daß ein wichtiges Stilelement biblischer Redeweise der inhaltliche Gleichlauf von Gliedern ist, der als parallelismus membrorum bezeichnet wird. Dabei entsprechen sich zwei Teile (Glieder) einer Aussage, indem der zweite Teil den Inhalt des ersten mit anderen Worten wiederholt. Dies zeigt sich deutlich in vielen Psalmen, ebenso im Buch der Sprüche Salomos und im Buch des Predigers. Man findet diesen Parallelismus auch in Lobgesängen zur Ehre Gottes, etwa des Mose (5. Mose 32), dem der Hanna (1. Sam. 2,2ff), dem der Maria (Luk. 1,45ff) und dem des Zacharias (Luk. 1,67ff). Von dieser der Bibel eigenen poetischen Sicht aus könnte man das Zueinander von Schöpfungsbericht und Zusatz, die beide Hymnus und Lobpreis Gottes, des Schöpfers, anstimmen, als einen parallelismus membrorum verstehen und so auch die Anordnung anerkennen, in der sie in der Bibel vorliegen.

Das Werden des Menschen

Ich komme zurück auf die Auslegung von 1. Mose 2,7: *Da machte Gott der Herr den Menschen aus Erde vom Acker und blies ihm den Odem des Lebens in die Nase. Und so ward der Mensch ein lebendiges Wesen.*

Bekannt ist die griechische Sage vom König Pygmalion von Kypros, der auch als Bildhauer tätig war und der, als er sich in eine von ihm geschaffene schöne Frauengestalt verliebte, diese auf sein Gebet hin von Aphrodite, der griechischen Göttin der Schönheit und der Liebe, zum Leben erweckt erhielt.

Ich darf annehmen, mit meinen Lesern darüber einig zu sein, daß ein Verstehen der vorliegenden biblischen Aussage nach Art dieser griechischen Sage dem Schaffen Gottes in keiner Weise angemessen ist. Wie Vers 7 als Wort Gottes auszulegen ist, wird in Kürze gezeigt. Zuvor sind noch Vorbemerkungen über die Worte ›Mensch‹ und ›Leben‹ erforderlich. Das hebräische Wort *adamah* ist Ausdruck für lokkeren Erdboden, für Ackererde oder Humus. Das Wortspiel *adamah* (Ackererde) – *adam* (Mensch) entspricht dem gleichen im Lateinischen, das humus und homo miteinander verbindet. Der Mensch war durch Gott von Erde genommen und hatte von daher den Namen Adam = Mensch erhalten. So sagt es 1. Mose 5,2. Doch bezog sich das nur auf den Ursprung des Menschen, nicht auf die Gottebenbildlichkeit, zu der er durch den Geist Gottes geschaffen war. Diese ist aber das Entscheidende bei der Menschwerdung des Menschen.

Jedenfalls folgt aus der Namensgebung durch Gott, daß Adam der *erste* Mensch ist. Für das Verständnis von Vers 7 ist weiter die doppelte Bedeutung des Wortes ›Leben‹ heranzuziehen. Die Bibel weiß von zweierlei Leben, ebenso kennt sie zweierlei Tod. Sie unterscheidet natürliches und geistliches Leben wie auch natürlichen und geistlichen Tod. Mit der Zeugung im Mutterleib erhalten wir natürliches Leben, und wenn wir sterben, so erleiden wir – gleichgültig, wie er sich ereignet – den natürlichen Tod. Geistliches Leben dagegen empfangen wir durch den Geist Gottes, wenn uns der Glaube an Jesus geschenkt wird (Eph. 1,13), der von der Wiedergeburt begleitet ist (Joh. 3,3). Dieses Leben gewährt die Gemeinschaft mit dem lebendigen Gott.

Er nur kann es geben, aber er bietet es jedem an. Er sagt (5. Mose 30,19): *Siehe, ich habe euch vorgelegt Leben und Tod, Segen und Fluch, damit du das Leben erwählst und am Leben bleibst, du und deine Nachkommen.* Hier ist Leben als (natürliches) Leben *mit* dem lebendigen Gott und damit als geistliches Leben gemeint, sogar ewiges Leben verheißen, und Tod ist als (natürliches) Leben *ohne* den lebendigen Gott und damit als geistlicher Tod verstanden. Angeboten wird es allen (ich habe *euch* vorgelegt); für die Annahme muß sich jeder selbst entscheiden (damit *du* es erwählst). Geistlicher Tod ist auch bei einem sehr vitalen natürlichen Leben möglich.

Mensch und Tier

Aus dem in Kapitel 6 dazu Ausgeführten greife ich nur die eine, als ›homo‹ bezeichnete Art heraus, die in einer Entwicklung *innerhalb* der Art zum homo sapiens führte. Die Entstehung durch Gottes Wort aus Erde, aus einer Embryonenhülle im Erdreich, wird bestätigt durch Psalm 139,15, wo ein tiefgläubiger Mann bekennt: *Es war dir mein Gebein nicht verborgen, als ich im Verborgenen gemacht wurde, als ich gebildet wurde unten in der Erde.*

Um nicht falsch verstanden zu werden, betone ich, daß die Bibel keine tierischen Vorfahren des Menschen kennt. Gottes Wort (1. Mose 1,24): *Die Erde bringe hervor lebendiges Getier, ein jedes nach seiner Art,* bedeutet zwar, daß die Art »homo«, die zum homo sapiens werden sollte, von Gott zugleich mit den Arten der höheren Tiere gerufen wurde. Die Bibel weiß jedoch, daß die Art »homo« ihre besondere Art beibehielt und sich nur innerhalb der Art entfaltete. Und es braucht uns Menschen nicht zu stören, wenn Gottes Wort uns biologisch unter die Primaten rechnet. Es sind auch die Tiere Geschöpfe Gottes, und wir haben sie als solche zu achten. Die Bibel sieht biologisch keinen Unterschied zwischen Mensch und Tier. Das mögen einige Beispiele deutlich machen.

Salomo meditiert, bekümmert über die Gottlosigkeit in der Welt (Pred. 3,18-20): *Ich sprach in meinem Herzen: Es geschieht wegen der Menschenkinder, damit Gott sie prüfe und sie sehen, daß sie selber sind wie das Vieh. Denn es geht dem Menschen wie dem Vieh: wie dies stirbt, so stirbt auch er, und sie haben alle einen Odem, und der Mensch hat nichts voraus vor dem Vieh; denn es ist alles eitel. Es fährt alles an einen Ort. Es ist alles aus Staub geworden und wird wieder zu Staub.*

Gewaltig war die Wirkung des Bußrufs von Jona in Ninive (Jona 3,7-8): *Der König ließ ausrufen und sagen in Ninive als Befehl des Königs und seiner Gewaltigen: Es sollen weder Mensch noch Vieh, weder Rinder noch Schafe Nahrung zu sich nehmen, und man soll sie nicht weiden noch Wasser trinken lassen; und sie sollen sich in den Sack hüllen, Menschen und Vieh, und zu Gott rufen mit Macht. Und ein jeder bekehre sich von seinem bösen Wege und vom Frevel seiner Hände.*

Und alles, was Gott geschaffen hat, soll den Herrn loben (Psalm 148,7-10): *Lobet den Herrn auf Erden, ihr großen Fische und alle Tiefen des Meeres, Feuer, Hagel, Schnee und Nebel, Sturmwinde, die sein Wort ausrichten, ihr Berge und alle Hügel, fruchttragende Bäume und alle Zedern, ihr Tiere und alles Vieh, Gewürm und Vögel.*

Und auch der Kreatur ist Befreiung verheißen (Röm. 8,20-21): *Es ist ja die Kreatur unterworfen der Vergänglichkeit – ohne ihren Willen, sondern um deswillen, der sie unterworfen hat – auf Hoffnung; denn auch die Kreatur wird frei werden von der Knechtschaft des vergänglichen Wesens zu der herrlichen Freiheit der Kinder Gottes.*

Der Mensch steht nur deshalb höher als die Tiere, weil Gott ihn nach der Erschaffung über die Tiere gestellt hat mit den Worten: *Herrschet über die Tiere!* Mit dieser Weisung legt Gott dem Menschen auch eine Verantwortung für alle Tiere auf.

Das Bisherige zusammenfassend, sehe ich dessen Ablauf als ein Geschehen in zwei Schritten. Der erste Schritt war: *Gott machte den Menschen aus Erde vom Acker.* Das entspricht, wie gesagt, dem Gebieten im Schöpfungsbericht: *Die Erde bringe hervor.* Es geht also um die Zeugung durch das Wort, die Entstehung im Erdreich und um die Entfaltung zum homo sapiens (vgl. 6. Kapitel). Wie lange die von Gott gelenkte Entwicklung gedauert haben mag, kann man nicht wissen. Evolution hat jedenfalls keine Rolle gespielt (vgl. S. 87). Der zweite Schritt war: *Gott blies ihm den Odem des Lebens in die Nase.* Damit drang dem einen von Gott erwählten homo sapiens der Geist Gottes ins Innere und schuf ihn zum ersten Menschen. *Er ward ein lebendiges Wesen.*

Dieses Leben hatte mit dem Leben von Tieren nichts zu tun. Von ihrer Art war der erste Mensch nicht. Aus beiden Berichten, dem Schöpfungsbericht und dem Zusatz, ist zu entnehmen, daß Gott mit der Erschaffung des Menschen etwas völlig Neues gewirkt hat. Er hat ihm nicht natürliches Leben, sondern geistliches Leben eingegeben. Der Odem des Lebens ist etwas anderes als der natürliche Odem. Und ebensowenig wie man alle getauften Menschen als Prä-Gotteskinder oder alle Völker der Erde als Prä-Gottesvolk ansehen kann, ebensowenig hat es Sinn, hier von Präadamiten zu sprechen. Erst die Erwählung zum Gotteskind oder zum Volke Gottes entspricht dem Handeln Gottes bei der Erschaffung des ersten Menschen: Erwählung und Begabung mit dem Gottesgeist.

Daß Adam geistliches Leben empfing, geht eindeutig aus dem Fortgang der Geschichte Gottes mit ihm hervor. Nach seiner Beauftragung erhielt Adam das Gebot (1. Mose 2,17): *Von dem Baume der Erkenntnis des Guten und Bösen sollst du nicht essen; denn an dem Tage, da du von ihm issest, mußt du des Todes sterben.* Doch Adam ist nicht am gleichen Tage eines natürlichen Todes gestorben; er starb den geistlichen Tod. Denn er wurde an dem Tage, da er das Gebot Gottes übertrat, aus dem Paradies, der ungetrübten Gemeinschaft mit Gott, verstoßen. Den physischen Tod erlitt er erst über 900 Jahre später (1. Mose 5,6). Und sein sofortiger *geistlicher* Tod bezeugt zur Genüge, daß er bei der Erschaffung das *geistliche* Leben empfangen hatte, das Leben mit Gott im Paradies.

Der Vorgang der Erwählung entspricht dem auch sonst von der Bibel bezeugten Vorgehen Gottes, wie er sich Menschen erwählt und sie mit Aufgaben betraut. Man denke an Noah, an Abraham, an Jakob, an Mose, an David, an Propheten und Gottesmänner. Sie alle wurden in besonderer Weise auf ihren Weg mit Gott berufen, erhielten ihren Auftrag und dazu Kraft und Segen von Gott. Und bei allen ging der Erwählung eine Zeit der Entwicklung, des Werdens, des Heranwachsens voraus. Mitunter geschah die Erwählung schon im Mutterleib (Ri. 13,5; Jer. 1,5). Ebenso deutlich ist die Parallele zum Volk Gottes, wie dies geschaffen wurde (Jes. 43,1).

So wie das Volk Israel nach Gottes Vorsatz unter allen Völkern auf der Erde geschichtlich geworden ist, so entstanden aus der Art homo nach und nach homines sapientes; in ihnen war nie etwas Tierisches. Sie waren dazu ausersehen, daß aus ihnen der Mensch kommen sollte. Als die Zeit erfüllt war, führte Gott das Volk Israel zu sich zum Sinai, erwählte es zu seinem Partner und schuf es durch den Bundesschluß, durch Gebote und Verheißungen zu seinem geheiligten Volk. In genauer Analogie dazu erwählte Gott einen der homines sapientes zu seinem Partner, schuf ihn durch die Begabung mit seinem Geist zum Menschen, zu seinem Bilde, ging einen Bund mit ihm ein, gab ihm Auftrag und Gebot. Und wie er, so war auch das Volk Israel, nachdem es geschaffen war (Jes. 43,1a), zum Zeugen Gottes vor der Welt bestimmt (Jes. 43,10.12).

Abzuklären ist noch, wie im homo sapiens der Geist Gottes Wohnung gemacht hat. Denn weder der Leib noch die Seele noch der Geist des homo sapiens waren fähig, Gottes Geist aufzunehmen. Die Bibel bezeugt es mehrfach, daß auch der natürliche Mensch von heute nicht dazu imstande ist. Ich erwähne nur 1. Kor. 2,14: *Der natürliche Mensch aber vernimmt nichts vom Geiste Gottes; es ist ihm eine Torheit, und er kann es nicht erkennen; denn es muß geistlich verstanden sein.* Wer zum Glauben gekommen ist, weiß vermutlich aus eigener Erfahrung, wie schwer es ist, die Botschaft des Evangeliums anzunehmen und einen wahren Glauben an Gott, an Jesus und an die Bibel als Wort Gottes zu leben. Nach meiner Erkenntnis hat Gott bei der Erschaffung des Menschen dem erwählten homo sapiens ein nichtmaterielles Organ als inneres Zentrum eingegeben, das zur Aufnahme des Odems des Lebens, d.h. des Geistes Gottes bestimmt und fähig war. In dieser doppelten Gabe von Geist und Empfangsorgan sehe ich den eigentlichen Schöpfungsakt, durch den der erste Mensch geschaffen wurde und der ihn über alle Geschöpfe im Sichtbaren erhob.

Das nur dem Menschen eigene geistliche Zentrum wird in der Bibel auch das *Herz* genannt, hat aber mit dem natürlichen Herzmuskel nichts zu tun. Es gehört dem Unsichtbaren, nicht dem Sichtbaren an. Mit diesem Organ hatten die ersten Menschen Anteil am Unsichtbaren und ungetrübte Gemeinschaft mit Gott. Sie lebten in beiden Wirklichkeiten zugleich. Das Unsichtbare hüllte sie ein. *Und sie waren beide nackt, der Mensch und sein Weib, und schämten sich nicht* (2,25). Das »Herz«, das den menschlichen Organismus ganz erfüllte, bildete die Ganzheit des Menschen im Unsichtbaren, während die Dreiheit von Leib, Seele, Geist die Ganzheit des natürlichen Menschen im Sichtbaren darstellte. Zwei Ganzheiten in einem und ungetrübte Gemeinschaft mit Gott – so sieht die Bibel den von Gott geschaffenen Menschen. Von hier aus versteht Jesus das Doppelgebot der Liebe (Luk. 10,27): *Du sollst Gott, deinen Herrn, lieben von ganzem Herzen, von ganzer Seele, von allen Kräften und von ganzem Gemüte und deinen Nächsten wie dich selbst.* Erst wenn wir Gott mit einem wieder lebendig gewordenen Herzen lieben, gelingt das auch dem natürlichen Menschen mit Seele, Leib (den Kräften) und Geist (statt Gemüt müßte »Denken« stehen, denn das griechische Wort dianoia bedeutet Denken, Verstand).

Mit der Erschaffung des Menschen durch Gott als Partner und Beauftragtem Gottes beginnt Geschichte. Denn durch die Begabung mit dem Geiste Gottes ist der Mensch das einzige Lebewesen auf der Erde mit Tradition und mit der Fähigkeit, sie in Chroniken aufzuzeichnen. Hält man sich an entsprechende Unterlagen, so kann man den Zeitpunkt der Erschaffung des ersten Menschen auf etwa 6000-8000 Jahre vor Christus ansetzen.

10. Der Mensch im Paradies

Das Paradies

Die Erzählung vom Paradies kann durch mancherlei Unebenheiten dem kritisch geschulten Exegeten Zweifel an der Einheitlichkeit des Textes bringen. Doch sollte man Bedenken dieser Art nicht durch literarische Analysen zu beseitigen suchen, sondern sich Gerhard von Rad anschließen, der mit guter Begründung zu diesem Text feststellt[22]: »Man verfehlt ihn ganz, wenn man sich ihm nicht ganz überläßt.« Das soll im folgenden auch für mich die Leitlinie sein. Als erstes hören wir die Verse 8-10.

Und Gott der Herr pflanzte einen Garten in Eden gegen

[22] G. von Rad, a.a.O., S. 60.

Osten hin und setzte den Menschen hinein, den er gemacht hatte. Und Gott der Herr ließ aufwachsen aus der Erde allerlei Bäume, verlockend anzusehen und gut zu essen, und den Baum des Lebens mitten im Garten und den Baum der Erkenntnis des Guten und Bösen. Und es ging aus von Eden ein Strom, den Garten zu bewässern, und teilte sich von da in vier Hauptarme.

Vers 8 gibt zusammenfassend an, was zuvor geschah und was Gott mit dem Menschen vorhatte. Er sollte in einem besonderen Garten für ihn tätig werden. Diesen Garten pflanzte Gott, und es ist selbstverständlich, daß Gott bei dessen Anlage nicht wie ein Gartenbauarchitekt vorgegangen ist, der das Anzupflanzende aus seinen Beständen heranschafft. Gott ließ die Pflanzen und Bäume für den Garten wieder durch sein Wort aus der Erde aufwachsen, wie es Vers 9 sagt. Das wiederum bedeutet, daß Gott schon lange Zeit vor der eigentlichen Erschaffung des Menschen (Vers 7) den Garten hat werden lassen, so daß dieser fertig vorhanden war, als der Mensch, durch Gottes Odem bereitet, in ihn hinein gesetzt werden sollte. Auffallend ist, daß der Name »Paradies« im Text nicht vorkommt, sondern ganz nüchtern von einem Garten gesprochen wird. Das hebräische Wort hierfür bedeutet genauer Gottesgarten, meint aber damit einen Garten *von* Gott (nicht für Gott) *für* den Menschen, d.h. einen heiligen, für den Menschen ausgesonderten Bezirk. Erst die Septuaginta übersetzte den hebräischen Ausdruck mit dem griechischen Wort paradeisos.

Die landläufigen, oft phantastischen Vorstellungen von einem Paradies voller Seligkeit, Freuden und Genüssen aller Art finden in der Bibel keine Bestätigung. Es geht um einen Park mit schönen, fruchtbaren Bäumen, um eine der Großzügigkeit Gottes entsprechende Gabe an den Menschen. Zu den Bäumen gehört als Besonderheit der Baum des Lebens, dessen Früchte ewiges Leben verleihen, und der Baum der Erkenntnis des Guten und Bösen, den Gott sich selbst vorbehält. Der Garten wird bewässert von einem Strom, der aus dem Land Eden kommt und in vier großen Armen aus dem Garten hinausfließt. Die Beschreibung dieser vier Ströme (Verse 11-14), die gewisse Länder umfließen, ist bildhaft wohl als ein Hinweis auf die von ihnen umfaßte Erde zu verstehen. Insbesondere ist mit den Strömen Tigris und Euphrat ein konkreter Bereich im Osten (Vers 8) angesprochen und damit ausgesagt, daß das Paradies dieser Erde angehört hat. Das geht auch aus einer wechselnden Ausdrucksweise hervor. In Vers 8 wird von einem Garten *in* Eden gesprochen, wobei offen bleibt, was es um das Land Eden ist. Aus ihm kommt auch der große Strom zur Bewässerung des Garten (Vers 10). Nachdem aber dieser Garten als der Erde zugehörig erklärt ist, ist nur noch vom *Garten Eden* die Rede (Verse 15, 23, 24; Hes. 36,35); es wird also der Garten mit dem Land Eden identifiziert.

Hinter dem allen steht bildhaft die Aussage, daß Gott für den Menschen das Unsichtbare »geöffnet« hat und aus ihm (dem »Land Eden«) einen Strom besonderen Segens auf die Erde kommen läßt, der die ganze Erde erfassen soll, aber zunächst nur in einem abgeschlossenen Bezirk der Erde erfahrbar wird. Diese Erfahrbarkeit bedeutet, daß Gott dem ersten Menschen mit der Verleihung seines Geistes die Fähigkeit gegeben hat, das Unsichtbare – das ja das Sichtbare überall durchdringt – wahrzunehmen. Der Mensch hat offene Augen und Ohren für das Unsichtbare, lebt in ungetrübter Gemeinschaft mit Gott, kann ihn sehen, mit ihm reden, wird von Gott aufgesucht, ergriffen und beauftragt. Was der Mensch so lebt, ist mit einem Wort das *geistliche Leben,* das er bei seiner Menschwerdung empfangen hat. Herausragende Kennzeichen sind die beiden besonderen Bäume im Garten, der Baum des Lebens und der Baum der Erkenntnis des Guten und Bösen.

Verse 15-17: *Und Gott der Herr nahm den Menschen und setzte ihn in den Garten Eden, daß er ihn bebaue und bewahre. Und Gott der Herr gebot dem Menschen und sprach: Du darfst essen von allen Bäumen im Garten, aber von dem Baum der Erkenntnis des Guten und Bösen sollst du nicht essen; denn an dem Tage, da du von ihm issest, mußt du des Todes sterben.*

Diese Worte zeigen, was Gemeinschaft mit Gott bedeutet. Auf der einen Seite empfängt der Mensch ein sinnvolles Leben und eine reiche Erfüllung seiner Bedürfnisse, auf der anderen Seite bleibt Gott der Herr, dem zu gehorchen ist. Zu dem sinnvollen Leben gehört der Auftrag, den ihm überlassenen Garten zu bebauen und zu bewahren. Das zeigt, daß der Garten bedroht ist und Gott den Menschen als seinen Mitstreiter beruft. Von wem oder wovon eine Bedrohung ausgeht, wird nicht gesagt. Der Mensch hat die Möglichkeit, sich jederzeit an Gott zu wenden.

Von Bedeutung ist das Gebot Gottes, nicht von dem Baum der Erkenntnis des Guten und Bösen zu essen. Hier behält sich Gott etwas vor, zu dem der Mensch keinen Zugang haben soll. Was gut ist und was böse ist – darüber zu entscheiden, ist allein Gottes Sache: Gut ist, was dem Willen Gottes entspricht; böse ist, was dem Willen Gottes nicht entspricht. Daran hat der Mensch sich zu halten und Gottes Willen zu erfragen. Es ist ihm untersagt, eigene ethische oder sittliche Normen aufzustellen. Maßstäbe für Gut und Böse, für Recht und Unrecht, für Wahrheit und Lüge unterliegen stets der Norm, die Gott mit seinem Worte gibt. Gott setzt dem Menschen damit eine Grenze, die er nicht überschreiten soll. Auch die »Ebenbildlichkeit« macht den Menschen keineswegs Gott gleich. Er bleibt in seiner Geschöpflichkeit von Gott verschieden, steht unter Gott und ist von ihm in allem abhängig. Deshalb dient der Baum der Erkenntnis des Guten und Bösen, der neben allen anderen Bäumen in dem Garten steht, den der Mensch bewohnt und bebaut, als unübersehbares Zeichen Gottes, daß er allein der Herr ist. Es ist zugleich eine Hilfe, die Gott dem Menschen gibt. Auch in anderer Form sorgt er für ihn. Er ist ja sein Geschöpf, das Gott sich als Partner erwählt hat. So erhält der Mensch nicht nur Gebote von Gott; er wird auch erprobt, sich daran zu halten. Zu Gottes Weg mit dem Menschen gehört, daß er Situationen herbeiführt, in denen der Mensch sich zu bewähren hat.

Verse 18-20: *Und Gott der Herr sprach: Es ist nicht gut, daß der Mensch allein sei; ich will ihm eine Hilfe schaffen, die ihm entspricht. Und Gott der Herr machte aus Erde alle die Tiere auf dem Felde und alle die Vögel unter dem Himmel und brachte sie zu dem Menschen, daß er sähe, wie er sie nennte; denn wie der Mensch jedes Tier nennen würde, so sollte es heißen. Und der Mensch gab einem jedem Vieh und Vogel unter dem Himmel und Tier auf dem Felde seinen Namen; aber für den Menschen fand er keine Hilfe, die ihm entsprochen hätte.*[23]

Hiermit stellte Gott dem Menschen eine erste Probe: Würde er, der Mensch, erkennen, daß er durch die Begabung mit dem Geiste Gottes über allen Tieren steht und bei ihnen keine Hilfe findet, die ihm entspricht? Und der Mensch hat diese erste Probe bestanden. Er wurde sich dessen bewußt, daß er durch Gottes Erwählung und Auszeichnung abgesondert worden war von allen anderen Geschöpfen, auch von den Tieren, so daß er unter ihnen keine Partnerin für sich finden konnte. Mit diesem Test wischt Gott auch jede evolutionäre Vorstellung von der Herkunft des Menschen in einer grandiosen Weise hinweg.

[23] So nach der Übersetzung von G. von Rad. Der Ausdruck »Gehilfin« in der Luther-Übersetzung gibt den hebräischen Grundtext nicht gut wieder.

Die Erschaffung der Frau

Wie lange der erste Mensch allein im Paradies gelebt hat, ist nicht zu erkennen. Jedoch werden es wohl einige Jahre gewesen sein. Schließlich war es eine Aufgabe, sich selbst und seine Existenz auf der Erde als Mensch zu begreifen, dazu sein Leben in der Gemeinschaft unter Gott zu erlernen, ebenso den Auftrag, für den Garten zu sorgen. Wie großartig die erzieherische Unterweisung Gottes war, zeigt beispielhaft die Namensgebung für die Tiere, die Gott dem Menschen übertragen hatte. Bei ihr wurde etwas von der Gottesebenbildlichkeit des Menschen sichtbar. Denn er benutzte die Sprache, die Gott ihm verliehen hatte, um – wenn auch in einem geringen Ausmaß – schöpferisch tätig zu werden: Im Auftrag Gottes schuf er durch Worte feste Bezeichnungen, die es zuvor nicht gegeben hatte. Zugleich ordnete er mit diesem bestimmenden Akt die Tiere in seinen Lebens- und Herrschaftsbereich ein.

Wie bei der Pflanzung des Gartens darf man annehmen, daß Gott auch die Tiere, die er dem Menschen zuführte, neu hatte werden lassen, bevor er ihn mit der Namensgebung beauftragte. Denn Tiere wachsen ja schnell heran. Um aber dem Menschen eine Hilfe zu geben, die ihm entsprach, ging Gott einen anderen Weg, neu und einmalig, wie es Gottes Wirken gemäß ist. Er wollte dem Menschen ein »Du« zuführen. Das Werden einer Persönlichkeit ist ein soziales Geschehen zwischen gleichwertigen Partnern, die einander brauchen. Wie Martin Buber feststellt: Es ist das Du, an dem der Mensch zum Ich wird.

Verse 21-23: *Da ließ Gott der Herr einen tiefen Schlaf fallen auf den Menschen, und er schlief ein. Und er nahm eine seiner Rippen und schloß die Stelle mit Fleisch. Und Gott der Herr baute ein Weib aus der Rippe, die er von dem Menschen nahm, und brachte sie zu ihm.* Mit dieser Rippe (ich gehe erst später auf die eigentliche Bedeutung des hebräischen Wortes *sela* ein) hat Gott einmal – in der Gestalt, mit der er dem Menschen im Paradies erschien – seine Hände und ein Material benutzt, um etwas zu schaffen. Dennoch war die Entstehung der Frau wieder ein Schaffen durch sein Wort. Nachdem er von dem Menschen eine Rippe genommen hatte, gebot Gott als erstes, daß die Wunde mit Fleisch geschlossen werde. Und das nachfolgende Bauen der Frau vollzog sich wieder in der bereits mehrmals ausgeführten Weise, daß Gottes dynamisches Wort sich nach seinem Willen umsetzte in kontingente Ereignisse, die als Elementarteilchen über Atome und Zellen den Körper der Frau aufbauten. Das Besondere dabei war, daß Gott bei diesem Vorgang von einem Teil des Mannes ausging und durch diesen Teil des von Gott geheiligten Menschen auch den Körper der Frau als etwas Geheiligtes schuf. Das war es, worauf es Gott ankam. Er hätte gewiß auch anders vorgehen können. Aber dieser Weg hatte jedenfalls die Wirkung, daß der Mensch – der im Tiefschlaf nichts hatte wahrnehmen können und wohl auch nichts wahrnehmen sollte – das ihm zugeführte Weib sofort als ihm zugehörig erkannte (Vers 23): *Das ist doch Bein von meinem Bein und Fleisch von meinem Fleisch.* Sie nahm er mit großer Freude als die ihm in Aussicht gestellte Hilfe an und bestand damit eine weitere, ihm von Gott zugedachte Probe.

Der von Gott eingeschlagene Weg, wie er dem Manne die ihm entsprechende Frau als seine Ehegefährtin schuf und zuführte, hatte aber noch eine zusätzliche Bedeutung. Der Mann war bei seiner Erwählung zum ersten Menschen aus seiner Familie herausgelöst und in die volle Abhängigkeit von Gott gestellt worden. Diese Lösung aus dem ursprünglichen und Einordnung in den neuen Zusammenhang sollte als eine von Gott gewollte Ordnung festgehalten werden. Deswegen heißt es (Vers 24): *Darum wird ein Mann seinen Vater und seine Mutter verlassen und seinem Weibe anhangen, und sie werden sein ein Fleisch.* So wie das erste von Gott geschaffene Ehepaar *ein* Fleisch war, so sollte sich jede Ehe darin als echt erweisen, daß die Partner sich von den Eltern lösen und wieder ein Fleisch werden, d.h. eine selbständige Einheit vor Gott, die nicht aufgelöst und mit ihren Kindern *ein* Haus unter dem Segen Gottes werden soll. Jedem der beiden gilt dann die Verheißung (Apg. 16,31): *Glaube an den Herrn Jesus, so wirst du und dein Haus selig.*

Was hier von dem Manne gesagt wird, daß er Vater und Mutter verlassen und seinem Weibe anhangen solle, gilt entsprechend auch für die Frau. Beide haben sich innerlich und äußerlich von den Eltern zu lösen, damit sie eine selbständige Einheit vor Gott werden können, unabhängig von Menschen, allein abhängig von Gott. Als von Gott zur innigsten Gemeinschaft Zusammengeführte standen sich die ersten Menschen gegenüber, sahen sich an und freuten sich aneinander, als Menschen aus Gottes Hand frei von jeder Scham. So schließt dieser von Gott gewirkte Vorgang mit der beglückenden Feststellung (Vers 25): *Und sie waren beide nackt, der Mensch und sein Weib, und schämten sich nicht.*

Die Frau aus dem Manne

In den mir bekannten Übersetzungen des Alten Testaments ist das hebräische Wort *sela* mit »Rippe« wiedergegeben. Dieses Wort hat aber an den anderen Stellen im Alten Testament, an denen es vorkommt, stets die Bedeutung »Seite« oder »Seitenteil«, z.B. in 2. Mose 25,14 (Seite der Bundeslade), 2. Mose 27,7; 30,4 (Seite von Altären), 2. Mose 36,25.31.32 (Seiten der Stiftshütte), 2. Sam. 16,13 (Seite eines Berges). In der Septuaginta, der griechischen Übersetzung des Alten Testaments, wird sela auch an der hier betrachteten Stelle, 1. Mose 2,21-22, mit »pleurá« (Seite, meist des menschlichen Leibes) wiedergegeben. Im Neuen Testament bezeichnet pleurá die Seite Jesu, in die der Kriegsknecht stach (Joh. 19,34) und die der Auferstandene den Jüngern zeigte (Joh. 20,20) oder die der Jünger Thomas berühren wollte (Joh. 20,25.27).

Man sollte also die Verse 21-22 im Text besser so übersetzen[24]: *Da ließ Gott der Herr einen tiefen Schlaf fallen auf den Menschen, und er schlief ein. Und er nahm eine von seinen Seiten und schloß die Stelle mit Fleisch. Und Gott der Herr baute ein Weib aus der Seite, die er von dem Menschen genommen hatte, und brachte sie zu ihm.* Gott versetzte also Adam in Vollnarkose, nahm aus seiner Seite operativ einen Teil aus Fleisch und Bein, verschloß die Wunde gebietender Weise wieder mit Fleisch und baute aus dem entnommenen Teil ein weibliches Wesen. Daß hier von einem Bauen gesprochen wird, entspricht dem der Operation folgenden Schaffen Gottes. Es bedeutet einerseits ein Gebieten durch das Wort, daß neue Zellen entstehen und sich zu einem weiblichen Körper zusammenfügen, andererseits ein Gebieten durch das Wort, daß jede Zelle des neuen Organismus – da vom Manne genommen – sich biologisch ändern müsse. Denn von den 23 Chromosomenpaaren, die eine menschliche Zelle enthält, sind 22 bei Mann und Frau völlig gleich. Nur das Paar der Geschlechtschromosomen weist einen Unterschied auf. Sie werden wissenschaftlich mit XX für eine Frau, mit XY für einen Mann bezeichnet. Das Bauen Gottes bestand also darin, daß er für jede durch sein Wort neu entstehende Zelle zugleich das Geschlechtschromosomenpaar XY in XX umformte und mit ihnen den weiblichen Körper werden ließ.

Ich bin überzeugt, daß dieser Vorgang des Bildens und Heranwachsens eines weiblichen Körpers seine Zeit erfordert hatte. Als dann Gott die herangewachsene Frau dem Adam zuführte, sprach dieser (Vers 23): *Das ist doch Bein von meinem Bein und Fleisch von meinem Fleisch; man wird sie Männin nennen, weil sie vom Manne genommen ist.* Adam war also hoch beglückt über die Frau, die Gott ihm zuführte. Sie endlich war anders als die Tiere: sie war Bein

[24] Vgl. K. Claeys, Der erste und der zweite Mensch: Adam und Christus, Biblische Studien Heft 1, Selbstverlag München 1982.

von seinem Bein und Fleisch von seinem Fleisch. Schon dieser Ausruf zeigt, daß sie nicht nur aus einer Rippe gebildet worden war. Er gab ihr einen Gattungsnamen, wie er es vorher in Gottes Auftrag bei den Tieren getan hatte: Männin, d.h. zum Manne gehörend. Den Eigennamen Eva gab er ihr erst später (1. Mose 3,20), als sie erfahren mußten, daß Gott sie von sich weisen und aus dem Garten Eden und vom Baume des Lebens verweisen würde, daß es nun Eva zugedacht war, *die Mutter derer, die da leben,* zu werden.

Bei der Erschaffung der Frau ist überdies ein Zug besonderer Güte Gottes zu erkennen. Sie sollte ja eine Hilfe *um ihn, um den Mann* sein. Deshalb nahm Gott keinen Teil aus des Mannes Kopf – dann hätte die Frau dem Manne überlegen werden können. Er nahm auch keinen Teil aus des Mannes Füßen – dann hätte sie ihm untergeordnet werden können. Nein, Gott wollte der Frau weder das eine noch das andere zukommen lassen. Deshalb nahm er einen Teil aus des Mannes Mitte, daß sie um ihn sei, wie ihn die Seiten umgeben, und dadurch ihm gleichwertig. Alles, was Gott tut, hat einen tieferen Sinn und zeugt von seiner Liebe und Fürsorge.

11. Das Versagen des Menschen

Der Feind Gottes

Die ungetrübte Gemeinschaft der ersten Menschen mit Gott hatte nicht lange angehalten. In ähnlicher Weise wie Jesus alsbald nach seiner Taufe mit dem Willen Gottes vom Teufel versucht wurde, kam es im Garten Eden zu einer Erprobung des menschlichen Gehorsams durch Gott, und wieder war der Teufel das Werkzeug dazu. Gut getarnt näherte er sich der Frau.

1. Mose 3,1: *Aber die Schlange war listiger als alle Tiere des Feldes, die Gott der Herr gemacht hatte, und sprach zu*

dem Weibe: Ja, sollte Gott gesagt haben: Ihr sollt nicht essen von allen Bäumen im Garten?

Was ist es um diese Schlange, und warum kann sie reden? Die Bibel weiß um den Feind Gottes und erzählt sein Entstehen in verschlüsselter Form etwa in Hes. 28,12-19 oder in Jes. 14,12-15, am deutlichsten aber in Offb. 12,7-9: *Und es erhob sich ein Streit im Himmel: Michael und seine Engel stritten wider den Drachen, und der Drache stritt und seine Engel und siegten nicht, auch ward ihre Stätte nicht mehr gefunden im Himmel. Und es ward gestürzt der große Drache, die alte Schlange, die da heißt Teufel und Satan, der die ganze Welt verführt. Er ward geworfen auf die Erde, und seine Engel wurden mit ihm dahin geworfen.*

Dies wird bestätigt durch das Wort Jesu in Luk. 10,18: *Ich sah den Satan vom Himmel fallen wie einen Blitz.* Aus all den gemachten Angaben kann man entnehmen, daß Satan ursprünglich ein hoher, vielleicht der höchste Engel unter Gott im Himmel war, und daß es ihn gelüstete, selber wie Gott zu sein. Um dieses Hochmuts willen wurde er von Gott auf die Erde verstoßen. Durch diesen Vorgang, der sich im Unsichtbaren abgespielt hatte, wurde dort das Reich der Finsternis, das die Erde völlig umgibt und durchdringt. Das kann man leicht aus den Adventsverheißungen erkennen, die ja von dieser Finsternis sprechen, etwa Jes. 9,1: *Das Volk, das im Finstern wandelt, sieht ein großes Licht, und über denen, die da wohnen im finstern Lande, scheint es hell.* So hat der Teufel leicht die Möglichkeit, die Erde zu beobachten (Hiob 1 und 2) oder selber auf ihr zu erscheinen (1. Mose 3; Matth. 4) oder Dämonen (seine Engel) und unsaubere Geister dahin zu schicken, um Menschen unter seine Herrschaft zu bringen.

Jesus war es, der als Licht in unsere Finsternis kam und die Adventsverheißungen erfüllte. Das besagt Joh. 1,5 mit den Worten: *Und das Licht scheint in der Finsternis, und die Finsternis hat's nicht ergriffen.*

Der Teufel konnte und kann Jesus nichts anhaben.

Ebenso sind wir vor ihm geschützt, wenn wir uns bewußt und fest unter Jesus stellen. Auch dem ersten Menschen hatte Gott Schutz vor dem Bösen gegeben. Denn er hatte ihn vor Gefahr gewarnt, als er ihm gebot, den Garten zu bewahren, und er hatte ihm die Herrschaft, d.h. die Macht, über die Tiere verliehen.

Die Versuchung

Deshalb durfte der Teufel nur in Gestalt eines Tieres, ja, eines Gewürms, dem Menschen erscheinen. Er fuhr in eine Schlange ein; auch das entsprach seiner Demütigung bei der Verstoßung auf die Erde. Listig war nicht die Schlange, sondern der Teufel in ihr, der aus ihr sprach. Und listigerweise wandte er sich nicht an den Menschen, der die Warnung und das Gebot von Gott erhalten hatte. Er nahm sich das Weib vor, das offensichtlich noch nicht lange auf der Erde war und nur mittelbar über den Mann von den Weisungen Gottes wußte. Der Mann kam aber hinzu; denn er war nachher bei ihr. Seine Sache wäre es gewesen, sie zurückzuhalten, statt nachzugeben und mitzumachen. Beide wurden schuldig.

1\. Mose 3,2-5: *Da sprach das Weib zur Schlange: Wir essen von den Früchten der Bäume im Garten; aber von den Früchten des Baumes mitten im Garten hat Gott gesagt: Esset nicht davon, rühret sie auch nicht an, daß ihr nicht sterbet! Da sprach die Schlange zum Weibe: Ihr werdet keineswegs des Todes sterben, sondern Gott weiß: an dem Tage, da ihr davon esset, werden eure Augen aufgetan und ihr werdet sein wie Gott und wissen, was gut und böse ist.* Auch der Baum der Erkenntnis des Guten und Bösen hatte also mit dem Baum des Lebens mitten im Garten gestanden. Die List des Teufels war, durch eine zweideutige Wiederholung von Gottes Gebot dessen Güte in Frage zu stellen. Als deshalb die Frau Gott zu verteidigen suchte, war sie – durch die Verschärfung des Gebots – bereits dabei, sich selbst vor dem Übertreten zu schützen. Nur die Angst vor dem Sterben hielt sie noch von dem in ihr aufsteigenden Verlangen ab zuzugreifen. Da nahm ihr der Teufel mit einer Lüge die Angst vor dem Tode und verführte sie so zur Übertretung des Gebots. Die Frau sah nur noch den Baum mit den verlockenden Früchten. Damit widerfuhr ihr genau das, was zur Versuchung führt.

Jak. 1,14-15: *Ein jeglicher wird versucht, wenn er von seiner eigenen Lust gereizt und gelockt wird. Danach, wenn die Lust empfangen hat, gebiert sie die Sünde; die Sünde aber, wenn sie vollendet ist, gebiert sie den Tod.*

So erging es der Frau, weil sie sich mit der Schlange, dem Teufel, eingelassen hatte. Diskussionen mit ihm führen immer zur Niederlage. Dem Versucher gegenüber ist Kampf geboten (Jak. 4,7).

1. Mose 3,6: *Und das Weib sah, daß von dem Baum gut zu essen wäre und daß er eine Lust für die Augen wäre und verlockend, weil er klug machte. Und sie nahm von der Frucht und aß und gab ihrem Mann, der bei ihr war, auch davon, und er aß.* Überdenken wir noch einmal die List des Teufels! Er kommt und spricht heuchlerisch fromm von Gott. Was er wollte, war eine Diskussion über Gott und sein Wort. In ihr geht er dann auf's Ganze. Er gibt sich als ein Freund, der es gut mit ihnen meint, und sagt zu ihrer »Beruhigung«: »Ihr werdet nicht sterben. Ihr braucht Gottes Wort nicht so ernst zu nehmen. Er will nur nicht, daß ihr werdet wie er und auch Wissende seid.« Damit führt er die Menschen genau an den Punkt, an dem er vor Gott schuldig wurde. Auch er wollte sein wie Gott.

Schuldigwerden statt überwinden

Nun war es geschehen, das Gebot Gottes war übertreten. Im Grunde war noch mehr geschehen: Es war die Grenze überschritten, die Gott berechtigterweise zwischen sich und die Menschen gesetzt hatte. Die Schuld liegt einwandfrei bei den Menschen. Adam hätte eingreifen, die ihm verliehene Macht über die Tiere ausüben und der Schlange gebieten müssen: Im Namen des allmächtigen Gottes, hebe dich hinweg! Daraufhin wäre die Schlange und mit ihr der Satan vom Menschen gewichen. Denn Vollmacht von Gott wirkt. Und die Frau hätte, heilsam erschreckt, nicht mehr nach der Frucht gegriffen. Nun aber kam es anders.

1. Mose 3,7-10: *Da wurden ihnen beiden die Augen aufgetan, und sie wurden gewahr, daß sie nackt waren, und flochten Feigenblätter zusammen und machten sich Schurze. Und sie hörten Gott den Herrn, wie er im Garten ging, als der Tag kühl geworden war. Und Adam versteckte sich mit seinem Weibe vor dem Angesichte Gottes des Herrn unter den Bäumen im Garten. Und Gott der Herr rief Adam und sprach zu ihm: Wo bist du? Und er sprach: Ich hörte dich im Garten und fürchtete mich; denn ich bin nackt, darum versteckte ich mich.*

Den beiden wurden tatsächlich die Augen aufgetan, aber anders, als es ihnen die Schlange verlockend verheißen hatte. Sie erkannten, daß sie böse gehandelt hatten, und sahen, daß sie nackt waren – die Geborgenheit des Unsichtbaren war von ihnen gewichen –, und sie schämten sich. Gott ließ ihnen Zeit, darüber nachzudenken. Er kam erst gegen Abend zu ihnen, als der Tag kühl geworden war. Aber als sie Gott kommen hörten, versteckten sie sich – sie fühlten sich schuldig. Und als Gott sie rief und zur Rede stellte, gaben sie zu, daß sie sich vor ihm fürchteten. Damit deckt Gottes Wort sehr bildhaft und eindringlich auf, was ein Übertreten seines Gebotes für Folgen hat: Gefühle der Scham, der Schuld und der Angst. Gott aber ließ es nicht dabei bewenden, was die Menschen erfahren und eingesehen hatten. Er fragte weiter, wohl um ein Eingeständnis ihrer Schuld und ein Zeichen von Reue von ihnen zu erhalten.

1. Mose 3,11-13: *Und er sprach: Wer hat dir gesagt, daß du nackt bist? Hast du nicht gegessen von dem Baum, von dem ich dir gebot, du solltest nicht davon essen? Da sprach Adam:*

Das Weib, das du mir zugesellt hast, gab mir von dem Baum, und ich aß. Da sprach Gott der Herr zum Weibe: Warum hast du das getan? Das Weib sprach: Die Schlange betrog mich, so daß ich aß. Der Mensch wollte seine Schuld nicht einsehen; mit einem Vorwurf gegen Gott – das Weib, das du mir zugesellt hast – schob er die Schuld von sich weg auf die Frau. Und diese wiederum fühlte sich betrogen und gab der Schlange die Schuld. Es war das bis heute geübte typische Verhalten von Menschen: Schuld wird nicht zugegeben, sondern auf einen anderen projiziert.

Das Urteil Gottes

1. Mose 3,14-15: *Da sprach Gott der Herr zu der Schlange: Weil du das getan hast, seist du verflucht, verstoßen aus allem Vieh und allen Tieren auf dem Felde. Auf deinem Bauche sollst du kriechen und Erde fressen dein Leben lang. Und ich will Feindschaft setzen zwischen dir und dem Weibe und zwischen deinem Nachkommen und ihrem Nachkommen; der soll dir den Kopf zertreten, und du wirst ihn in die Ferse stechen.*

Damit straft Gott als ersten den Versucher und Verführer als den Hauptschuldigen, jedoch nicht die Schlange, sondern den Teufel, der in ihr steckt. Er ist es, der verflucht wird. Er ist es, der auf die Erde verstoßen bleibt (vor Gott auf dem Bauche kriechen muß) und Erde fressen muß sein Leben lang. So wie es Jesu Speise war, daß er tue den Willen des, der ihn gesandt hat, und sein Werk vollende (Joh. 4,32), so soll es des Teufels Speise sein, vom Himmel ausgeschlossen und Gottes Werkzeug auf Erden zu sein. Wir spüren es in der Gegenwart immer stärker, wie sich dieses Wort erfüllt gemäß 2. Tim. 3,13: *Mit den bösen Mächten aber und Betrügern wird's je länger, je ärger; sie verführen und werden verführt.*

Und schließlich hat auch das sogenannte Erstevangelium seine Erfüllung gefunden. Denn seinem Nachkommen (dem Teufel selber) hat des Weibes Nachkomme – das ist Jesus von Nazareth, der Sohn der Maria – den Kopf zertreten, und er (der Teufel) hat ihn (Jesus) in die Ferse gestochen. Beides hat sich am Kreuz von Golgatha ereignet.[25] Da hat Jesus den Teufel mit seinem ganzen Heer von Versuchern überwunden und ist für uns gestorben. Sein Tod aber als Mensch ohne Sünde, sein Gehorsam gegenüber Gott ergab die Sühnung für den Ungehorsam des ersten Menschen und hebt die Trennung von Gott für jeden auf, der Jesu stellvertretendes Opfer für sich im Glauben annimmt.

Gottes Urteil traf aber auch die beiden ersten Menschen hart. 1. Mose 3,16: *Und zum Weibe sprach er: Ich will dir viel Mühsal schaffen, wenn du schwanger wirst; unter Mühen sollst du Kinder gebären. Und dein Verlangen soll nach deinem Manne sein, aber er soll dein Herr sein.*

Der Frau – und nicht nur der ersten, sondern jeder Frau – wird auferlegt, daß sie während einer Schwangerschaft mancherlei Beschwerden haben wird und daß auch die Geburt nicht ohne Mühen und Schmerzen vor sich gehen wird. Dadurch wird aber, sofern die Mutter zu dem in ihr wachsenden Kind das richtige Verhältnis hat, die Freude am Kind nicht genommen. Schwerer trifft sie die Beziehung zu ihrem Manne. Die Gleichstellung der Frau dem Manne gegenüber ist aufgehoben. Sie bleibt ihm gleichwertig, soll ihm auch weiter Hilfe sein, aber sie ist ihm untergeordnet; er soll ihr Herr sein. Hierauf gründet Paulus seine Weisung (Eph. 5,22; Kol 3,18): *Die Frauen seien untertan ihren Männern wie dem Herrn,* d.h. *wie es sich in dem Herrn gebührt.* Hier ist als Herr der Herr Jesus gemeint, dem die Männer ebenfalls untertan zu sein haben. Dadurch wird im Glauben an Jesus der Fluch Gottes für Mann und Frau aufgehoben. Die Ehe bleibt weiter Gottes Ord-

[25] Vgl. hierzu H. Rohrbach, Das anstößige Glaubensbekenntnis, Brunnen Verlag Gießen 1987, S. 94-97.

nung, ist jedoch nicht mehr selbstverständlich. Für viele Frauen kann es zu einer ungestillten Sehnsucht kommen.

1. Mose 3,17-19: *Und zum Manne sprach er: Weil du gehorcht hast der Stimme deines Weibes und gegessen von dem Baum, von dem ich dir gebot und sprach: Du sollst nicht davon essen –, verflucht sei der Acker um deinetwillen! Mit Mühsal sollst du dich von ihm nähren dein Leben lang. Dornen und Disteln soll er dir tragen, und du sollst das Kraut auf dem Felde essen. Im Schweiße deines Angesichts sollst du dein Brot essen, bis du wieder zu Erde werdest, davon du genommen bist. Denn du bist Erde und sollst zu Erde werden.*

Auch dem Manne wird Mühsal auferlegt in seinem Wirken für den Lebensunterhalt. Der Acker wird verflucht, nicht die Arbeit als solche, sondern der Ort, wo sie geleistet wird. Einen Auftrag zum Arbeiten hatte der Mensch schon alsbald nach seiner Erschaffung erhalten (2,15), allerdings für das Paradies, in dem die Tätigkeit eine reine Freude war. Das wird nun von ihm genommen. Die Erde, auf der beide in Zukunft leben sollen, ist mit einem Fluch belegt. Seitdem ist unsere Erde mit allem, was zu ihr gehört, eine gefallene Schöpfung, durch Gottes Wort mit Mühsal, Beschwerden, Mißerfolg und Bedrohungen versehen. Und um existieren zu können, hat jeder eine Arbeit oder Beschäftigung aufzunehmen und ist damit den mit ihr verbundenen Mühen, Problemen und Schwierigkeiten ausgesetzt. Und jeder weiß, daß sein Leben ein Ende hat, daß er wieder zu Erde, zu Staub zerfallen wird, daß ein Leben sinnlos werden kann.

Der geistliche Tod

Nach all den strafenden Worten nimmt sich Gott wieder der Menschen an, vollzieht aber die Trennung und weist ihnen den künftigen Aufenthalt und Dienst zu.

1. Mose 3,20-24: *Und Adam nannte sein Weib Eva; denn sie wurde die Mutter aller, die da leben. Und Gott der Herr*

machte Adam und seinem Weibe Röcke von Fellen und zog sie ihnen an. Und Gott der Herr sprach: Siehe, der Mensch ist geworden wie unsereiner und weiß, was gut und böse ist. Nun aber, daß er nur nicht ausstrecke seine Hand und breche auch von dem Baum des Lebens und esse und lebe ewiglich! Da wies ihn Gott der Herr aus dem Garten Eden, daß er die Erde bebaute, von der er genommen war. Und er trieb den Menschen hinaus und ließ lagern vor dem Garten Eden die Cherubim mit dem flammenden, blitzenden Schwert, zu bewachen den Weg zu dem Baum des Lebens.

Mit der Namensgebung »Eva« an seine Frau vollzog Adam die Weisung Gottes, daß er ihr Herr sein solle. Die Bedeutung des Namens Eva (Mutter aller Lebenden) bezog sich auf die andere Weisung Gottes an das Weib, daß sie Kinder gebären werde. Das Wortspiel »Mann – Männin«, von dem Vers 2,24 spricht und das nur ein Wortspiel des hebräischen Grundtextes wiedergibt, war keine Namensgebung, sondern nur die Feststellung eines schöpfungsgemäßen Unterschiedes. Wichtig ist, daß Gott dem Menschen nicht seine Zuwendung entzog. Er nahm sich ihres Schamgefühls an und kleidete sie mit Fellen. Das zeigt, daß er den Menschen die Herrschaft über die Tiere beließ, aber auch Achtung vor dem Schamgefühl erwartete. Ebenso überließ er ihnen weiter die Erde, daß sie sich ihrer für den Lebensunterhalt bedienten.

Danach aber vollzog Gott die Trennung mit denselben Worten, die Satan ihnen so verlockend vorgehalten hatte. Mit dieser drastischen Maßnahme zeigte ihnen Gott aufs deutlichste, worauf sein Entschluß beruhte. Es war nur das Verhalten der beiden ersten Menschen: ihr Ungehorsam gegen Gottes Weisung, ihr mangelndes Vertrauen in sein Wort – mit dem sie gegen den Feind hätten angehen sollen – und ihr Sicheinlassen mit dem Versucher. Die Trennung mußte eine völlige sein und, wie von Gott angekündigt, zum Tode führen. Darum konnte es keinen Zugang mehr zum Baum des Lebens geben. Denn gefallene Menschen mit ewigen Leben – unmöglich (1. Mose 3,22)! Erst mußte eine Sühnung für die Schuld der Menschen geschaffen werden – was Jesus vollbracht hat. So kam es zur Ausweisung von Adam und Eva aus dem Paradies. Praktisch bedeutet das: Beide verloren die Fähigkeit, das Unsichtbare wahrzunehmen. Gott war für sie seitdem der Unsichtbare – und ist es für alle Menschen nach ihnen noch heute. Auch das Paradies, als Teil des Unsichtbaren, ist nicht mehr zu sehen. Weiter verloren sie die unmittelbare Gemeinschaft mit Gott. Mit alledem erlitten sie den geistlichen Tod, d.h. das geistliche Zentrum in ihnen, das Herz (vgl. S. 102) »starb«. Die Bibel sagt dazu: Das Herz wird verhärtet, wird steinern. Adam und Eva fielen nicht in den Stand von homines sapientes zurück, sondern wurden Menschen mit verhärtetem Herzen, das Gottes Geist nicht aufnehmen kann, es sei denn, es wird von Gott durch sein Wort erneuert. Und weil der Zugang zum Baum des Lebens verwehrt war, kam es für sie auch zum physischen Tod. Doch die Kraft, die ihnen beiden vom Baum des Lebens vermittel worden war, hatte noch über Generationen hinweg die nachhaltige Wirkung, daß sie und ihre Nachkommen viele Hunderte von Jahren alt wurden.

Die Bibel sagt aus (Röm. 6,23): *Der Sünde Sold ist der Tod; Gottes Gabe aber ist ewiges Leben in Christus Jesus, unserem Herrn.* Das muß richtig verstanden werden. Der Sünde Sold ist der *geistliche* Tod. Erst durch ihn kam es zum physischen Tod. Daher steht im Wort der Schrift dem geistlichen Tod mit Recht das ewige Leben gegenüber. Für die jetzt Lebenden ist der physische Tod die Realität, der sie entgegen gehen. Daraus braucht aber nicht der geistliche Tod, die endgültige Trennung von Gott, für sie zu folgen. Denn wir haben die Verheißung Jesu (Offb. 2,7): *Wer Ohren hat zu hören, der höre, was der Geist den Gemeinden sagt! Wer überwindet, dem will ich zu essen geben von dem Baum des Lebens, der im Paradiese Gottes steht.* Jesus ist es, der die ihm angehörenden Menschen einmal zurück zum Baum des Lebens führen wird.

Solange Menschen auf dieser Erde leben, kann Gott durch eine »Herzplantation« das steinerne Herz nehmen und ein neues Herz geben, das aufnahmefähig ist für seinen Geist (vgl. S. 127). Doch kommt es dann nur zum Glauben, nicht wieder zum Schauen.

12. Wissenschaftliches und biblisches Menschenbild

Der natürliche Mensch

Wissenschaftlich gesehen ist der heutige Mensch eine Dreiheit aus Leib, Seele und Geist. Dabei gilt der Leib als Sitz der Organe, der Kraft und der biologischen Vorgänge, die Seele als Sitz der Innerlichkeit, des Gefühls und der Empfindung, der Geist als Sitz des Verstandes, der Denkfähigkeit und des Schöpferischen. Diese Dreiheit ist zugleich eine Ganzheit. Man kann die drei Bereiche Leib, Seele, Geist zwar unterscheiden, aber nicht voneinander scheiden, insbesondere nicht Geist und Seele im Leib genau lokalisieren. Als Ganzes und in seinen Teilen ist der Mensch wissenschaftlich in einem hohen Grad erforschbar und erforscht.

Zur wissenschaftlichen Sicht vom Menschen gehört notwendig eine weltimmanente Schau, nach der alle in ihm ablaufenden Prozesse den naturwissenschaftlichen Gesetzen unterliegen, rational einsichtig und vom Ursache-Wirkung-Prinzip her verstehbar sind. So ist auch alles im Menschen rational-methodisch beeinflußbar. Darauf beruhen alle medizinischen Maßnahmen, auch die psychotherapeutischen, für eine Heilung im Krankheitsfall. Daß der Mensch ein Geschöpf Gottes ist, muß bei wissenschaftlichem Vorgehen ausgeklammert werden, da die Beziehung zwischen Gott und dem Menschen rational nicht erfaßt werden kann. Überdies wird sie weithin geleugnet. Wissenschaft muß bei ihren Untersuchungen »objektiv« sein. Wenn es auch Ärzte und Wissenschaftler gibt, die in einer persönlichen Verbindung zum lebendigen Gott stehen, so kann göttliches Einwirken nicht als menschliche Möglichkeit eingesetzt, sondern nur erbeten werden. Ein Glaube an Gott wird sich in der Grundeinstellung des Forschers oder Therapeuten widerspiegeln, wie es Albert Schweitzer mit der »Ehrfurcht vor dem Leben« ausgesprochen hat.

Zu einer Antwort auf die Frage, wo der Wille des Menschen in ihm seinen Sitz habe, hat Sigmund Freud die Seele abermals unterteilt. Im Kern der Seele sieht er das Ich als Ausdruck der Persönlichkeit und als Sitz des Willens. Dieser Kern ruht auf dem Es, dem Sitz der Triebe und Affekte, und ihm ist übergeordnet das Über-Ich, der Sitz der Antriebs- und Kontrollfunktionen. Als wertende Instanz entspricht dies dem Gewissen im Menschen und verlangt oft Verzichte auf Strebungen des Es oder stellt sich gegen das Ich und seine Wünsche. Dadurch bedingte Konfliktsituationen veranlassen Betroffene häufig, die übernommenen oder anerzogenen Verhaltensnormen des Über-Ich zu modifizieren oder völlig zu verwerfen, um nicht unliebsame Verdrängungen oder gar Schuldgefühle entstehen zu lassen. Man macht sich dann neue Normen nach dem Motto: Erlaubt ist, was gefällt.

Statt vom Es und Über-Ich spricht Carl Gustav Jung vom Unbewußten im Menschen. Er versteht darunter einen eigenständigen Bereich der Seele, der alle leiblichen, seelischen und geistigen Erfahrungsinhalte umfaßt, die dem Bewußtsein nicht gegenwärtig sind. Jung unterscheidet im Unbewußten zwei Teilbereiche: das kollektive Unbewußte, das in etwa dem Über-Ich, und das persönliche Unbewußte, das in etwa dem Es bei Freud entspricht. Genauer ist das kollektive Unbewußte das dem Menschen *noch nicht Bewußte,* d.h. die Menge aller inneren Einstellungen, die der neugeborene Mensch mit allen anderen Menschen seiner Zeit und seines Volkes, mit seinen Vorfahren, mit seiner phylogenetischen Geschichte gemein hat. Es ist also etwas Angeborenes, Ererbtes. Das persönliche Unbewußte ist das dem Menschen *nicht mehr Bewußte,* d.h. alles Vergessene und Verdrängte, alle negativen Widerfahrnisse wie Enttäuschungen, Kränkungen, Schocks, aber auch alles Versagen, alle Fehlhaltungen und alle Schuld.

Der geistliche Mensch

Die Bibel kennt neben dem natürlichen Menschen auch einen geistbegabten Menschen. Sie stellt fest (1. Kor. 2,14-15): *Ein natürlicher Mensch nimmt die Dinge, die des Geistes Gottes sind, nicht an; denn Torheit sind sie ihm, und er kann sie nicht erkennen, weil sie geistlich beurteilt werden müssen. Der Geistbegabte dagegen beurteilt zwar alles, er selbst aber wird von keinem beurteilt* (Übersetzung nach der Zürcher Bibel). Die Erschaffung des geistlichen Menschen vollzog sich nach 1. Mose 2,7 in der Weise, daß Gott dem von ihm erwählten, nach Leib, Seele, Geist voll entwickelten homo sapiens seinen Odem einblies. Damit drang Gottes Geist in das Innere des homo sapiens ein und erfüllte ihn mit geistlichem Leben. Für diese entscheidende Wandlung gab Gott ihm ein nicht materielles Organ, das zur Aufnahme von Gottes Geist bestimmt und fähig war (vgl. meine Auslegung im 9. Kapitel, S. 102).

Dieses allein dem Menschen eigene innere geistliche Zentrum wird in der Bibel auch *Herz* genannt, ist aber von dem Herzmuskel in der Brust des Menschen zu unterscheiden. Es gehört nicht dem Sichtbaren, sondern dem Unsichtbaren an. Durch ein geistbegabtes Herz erhielt der erste Mensch, die Fähigkeit, das Unsichtbare wahrzunehmen, in ihm zu leben, Gott zu schauen und Gemeinschaft mit ihm zu haben. Dieses geistliche Organ bildete die

Ganzheit des Menschen im Unsichtbaren, wie Leib, Seele, Geist seine Ganzheit im Sichtbaren darstellten. So war der Mensch ein komplementär zu verstehendes Ineinander von natürlichem und geistlichem Wesen, als Gott ihn erschaffen hatte.

Die Sonderung von Gott

Durch den Ungehorsam gegenüber Gottes Gebot erlitt der erste Mensch, wie ihm angesagt war, den geistlichen Tod. Dieser wirkte sich in der Unfähigkeit aus, das Unsichtbare noch wahrzunehmen und in ihm zu leben. Beide Menschen verloren die ungetrübte Gemeinschaft mit Gott. Damit war die Sonderung von Gott erfolgt und mit der Verstoßung aus dem Paradies ihnen und den Menschen nach ihnen für alle Zeit aufs deutlichste ins Herz geschrieben. Denn das Herz wurde ihnen nicht genommen; sonst wären beide in den Stand des homo sapiens zurückgefallen[26]. Aber Gott wandelte das Herz in ihnen zu etwas im Sichtbaren um, in das Unbewußte, und stattete es mit einer doppelten Funktion aus. Das *kollektive Unbewußte* bewahrte in ihnen das Wissen um Gott, um sein Wirken, um sein Gebot, aber auch um seine Liebe und Fürsorge. Es erinnerte sie an alles, was sie verloren hatten, hielt aber auch die Beziehung zu Gott in ihnen wach. Das *persönliche Unbewußte* enthielt das Wissen um ihr Versagen und die Scham, die Angst und die Schuld, die sie nach dem Ungehorsam im Paradies überfielen und die sie nun ins Unbewußte verdrängten.

Seit der Verstoßung der ersten Menschen aus dem Paradies ist die damit erfolgte Sonderung von Gott für alle Menschen der Zustand, in den hinein sie geboren werden und in dem sie zunächst leben. Das ist es, was oft sehr mißverständlich als »Erbsünde« bezeichnet wird. Gott hält

[26] Vgl. hierzu Gottes Strafe an Nebukadnezar, Dan. 4,30; 5,21.

weiter zu uns Menschen. Bildlich gesprochen ließ er bei dem zum Unbewußten umgewandelten Herzen einen Rest unverändert und hat damit so etwas wie eine »Öffnung zum Unsichtbaren hin« geschenkt. Diese Öffnung, die auf dem Wege der Vererbung jedem Menschen zuteil wird, ist nichts anderes als das Gewissen. Mit diesem hat Gott sich die Möglichkeit gelassen, mit Menschen in Kontakt zu kommen. Denn für jeden Menschen ist sein Gewissen das Wissen um ein ihn verantwortlich machendes Gebot. Über das Gewissen pflegt Gott zum Menschen zu reden, und im Gewissen fällt letzten Endes die Entscheidung für oder gegen den lebendigen Gott.

Das Gewissen

Nach wie vor sichert dieser Rest des ursprünglich ganz dem Unsichtbaren angehörenden Herzens das Personhafte des Menschen, den freien Willen, die (meist unbewußte) Verbindung zu Gott und dokumentiert das Ganze des Menschen im Unsichtbaren, allerdings in einer höchst verkümmerten Form. Die Bibel spricht von einem erstarrten, verhärteten Herzen. Jesus stellt sogar fest (Matth. 15,19): *Aus dem Herzen kommen arge Gedanken, Mord, Ehebruch, Unzucht, Dieberei, falsch Zeugnis, Lästerung.* Und noch als Auferstandener *schalt er ihren Unglauben und ihres Herzens Härtigkeit, daß sie nicht geglaubt hatten denen, die ihn gesehen hatten auferstanden* (Mk. 16,14).

Seit der Verstoßung aus dem Paradies ist der Mensch innerlich gespalten, im Unbewußten wie auch im Gewissen. Von der ursprünglichen Vollkommenheit her besitzt das Gewissen seine *absolute Funktion* des Urteilens, daß es kategorisch, objektiv und unwiderruflich feststellt, wann und wie sein Träger sich falsch verhalten hat. Aber die Urteilsbildung erfolgt wegen der Sonderung des Menschen von Gott nicht immer in Übereinstimmung mit dem Willen Gottes. Es hält sich an menschliche Maßstäbe und Normen ethischer Art. Darin besteht die *relative Funktion* des Gewissens, daß es hinsichtlich der Normen, nach denen es seine Urteile fällt, vom Sichtbaren, von der Welt her geprägt ist. Wenn es um die Frage geht, wie zuverlässig das Gewissen arbeitet, ob insbesondere eine Gewissensentscheidung als Stimme Gottes gewertet werden kann, dann hat man diese doppelte Funktion des Gewissens genau zu beachten. In seiner absoluten Funktion ist das Gewissen unfehlbar, nicht aber in seiner relativen Funktion. Die Aussagekraft ist entscheidend davon abhängig, wie weit der Mensch den Willen Gottes kennt.

Deshalb ist das Gewissen der Ansatzpunkt im Menschen, an dem der Geist Gottes angreift. Er will uns über Unruhe, Angst, Schulderkenntnis zur Buße, zum Vertrauen in sein Wort und damit zu sich zurückführen. Gott weiß, daß wir ihn brauchen, und er wirbt um uns: *Gib mir, mein Sohn, dein Herz; und laß deinen Augen meine Wege wohlgefallen* (Sprüche 23,26). Und besonders deutlich und hilfreich ist sein Angebot (Hes. 36,26-27): *Ich will euch ein neues Herz und einen neuen Geist in euch geben und will das steinerne Herz aus eurem Fleisch wegnehmen und euch ein fleischernes Herz geben. Ich will meinen Geist in euch geben und will solche Leute aus euch machen, die in meinen Geboten wandeln und meine Rechte halten und danach tun.* Diese großartige Verheißung zeigt zum einen, wie Gott bei der Schöpfung an dem homo sapiens gehandelt hatte, als er ihm das Herz einpflanzte, ihm den Geist Gottes eingab und damit das geistliche Leben schenkte. Sie gibt damit den Beleg für meine Auslegung im 9. Kapitel, wie Gott den Menschen machte. Die Verheißung zeigt zum andern, daß Gott jetzt jedem Menschen die Wiederherstellung durch eine *Herzplantation* anbietet. Das steinerne Herz soll ihm genommen und durch ein fleischernes, d.h. ein lebendiges Herz ersetzt werden. Ist das geschehen, so will Gott neu seinen Geist eingeben und am Menschen arbeiten, daß er lernt, ein Leben nach dem Willen Gottes zu führen.

Die Entscheidungsmöglichkeit

Es ist jedoch in die freie Entscheidung des Menschen gestellt, ob er sich Gott zuwenden will, wenn er den Ruf Gottes im Wort der Bibel durch eigenes Lesen, durch eine richtige Verkündigung oder durch besondere Lebensumstände vernimmt. Der allmächtige Gott zwingt keinen Menschen, sich ihm zuzuwenden und um eine Herzplantation zu bitten. Aber das Recht, jedem das Gewissen zu wecken, läßt er sich nicht nehmen. *Gott will, daß allen Menschen geholfen werde und sie zur Erkenntnis der Wahrheit kommen* (1. Tim. 2,4). Daher kann kein Mensch verhindern, daß sich in ihm das Gewissen meldet. Ist das unbegreifliche Wunder geschehen, daß der Mensch sich dem Worte Gottes beugt, ihn als seinen Herrn und Gott anerkennt und sich ihm anvertraut, so wird ihm der Glaube an Jesus geschenkt. Er wird wiedergeboren, d.h. ihm wird ein neues Herz gegeben, in dem Gottes Geist wohnen kann, und durch das Wort Gottes ist in ihm ein neues Wesen gezeugt, der inwendige Mensch. Dieser ist des Menschen neue Ganzheit im Unsichtbaren. Er hat Freude am Willen Gottes, an seinem Wort und Wirken, er wächst im Glauben, nimmt zu an geistlicher Erkenntnis und wird Gottes Mitarbeiter. Er kommt aber nicht wieder zu einem Schauen Gottes, auch nicht zurück zum ursprünglichen Zustand im Paradies. Das erfüllt sich für den Glaubenden erst nach diesem Leben, wie es Jesus verheißen hat (Offb. 2,7). Bis dahin gilt (2. Kor. 5,7): *Wir wandeln im Glauben und nicht im Schauen.*

Will ein Mensch kraft seines freien Willens nicht auf die Stimme seines Gewissens hören, durch die Gott zu ihm redet, so bleibt ihm nichts anderes übrig, als diese Stimme zum Schweigen zu bringen, das Gewissen zu betäuben. Das kann geschehen durch Selbstbetrug, indem man Schuld stets anderen oder den Verhältnissen oder gar Gott zuschiebt. Das kann geschehen durch Hineinstürzen in Arbeit und Betrieb, um Zeiten der Stille zu vermeiden. Das kann geschehen durch verlockende Angebote aus anderen Religionen bis hin zu einer New Age-Gläubigkeit oder durch Sekten und Irrlehren. Das kann geschehen durch Hingabe an Rausch und Süchte, um der bedrängenden Wirklichkeit, der Sinnlosigkeit im Leben zu entfliehen. Hat ein Mensch so oder so sein Gewissen für dauernd betäubt, so schläft es schließlich ein und der Mensch hat Ruhe, die er als Frieden mißversteht. Diese Ruhe kann ausarten bis zur Verstockung und zum Tode des Gewissens führen. Ehe es soweit kommt, sollte sich der Mensch vom Worte Gottes warnen lassen: *Denkst du aber, o Mensch, der du andere richtest, daß du dem Urteil Gottes entrinnen werdest? Oder verachtest du den Reichtum seiner Güte, Geduld und Langmütigkeit? Weißt du nicht, daß dich Gottes Güte zur Buße leitet? Du aber nach deinem verstockten und unbußfertigen Herzen häufest dir selbst den Zorn auf den Tag des Zorns und der Offenbarung des gerechten Gerichtes Gottes, welcher geben wird einem jeden nach seinen Werken* (Röm. 2,3- 6).

IV. Die Fortsetzung

13. Der neue Stand des Menschen

Die erste Familie

Nach Verlust des geistlichen Lebens – nur so hatte Gott die Todesdrohung an Adam wahrgemacht – waren die beiden ersten Menschen nun für sich und nur im Sichtbaren auf der Erde. Aber die Gnade Gottes war weiter mit ihnen. Es erfüllte sich, was Adam seiner Frau mit der Namensgebung Eva (Lebenspenderin) – und das sogar nach der harten Verurteilung durch Gott (1. Mose 2,20) – hatte zusagen dürfen: sie gebar Kinder, sie wurden eine Familie. 1. Mose 4,1-2a: *Und Adam erkannte sein Weib Eva, und sie ward schwanger und gebar den Kain und sprach: Ich habe einen Mann gewonnen mit Hilfe des Herrn. Danach gebar sie Abel, seinen Bruder.* Adam wird wie im Paradies weiter ein Feld bebaut haben. Früchte sind ihnen genug zugewachsen, und Schafe haben ihnen Milch und Felle gegeben. Gott selbst hatte ja Tiere für sie geschlachtet, um ihnen aus Fellen Röcke zu machen (1. Mose 3,21). Die Söhne wuchsen heran (1. Mose 4,2b): *Und Abel wurde ein Schäfer, Kain aber wurde ein Ackersmann.* Kain machte sich also die Erde untertan, und Abel wurde als Schäfer Herr über Tiere. Die ersten Verheißungen Gottes blieben auch für die Nachkommen bestehen.

Wie lange sie so miteinander lebten, wird nicht gesagt. Doch darf man annehmen, daß Adam und Eva an einer Beziehung zu Gott festhielten und auch den Söhnen von Gott, vom Paradies, von ihrem Ungehorsam und der Verstoßung erzählten. Und Adam hatte sicher aus Dankbarkeit von Zeit zu Zeit Opfer dargebracht, so daß die Söhne im Wissen um Gott und in Ehrfurcht vor ihm heranwuchsen. 1. Mose 4,3-4a: *Es begab sich aber nach etlicher Zeit, daß Kain dem Herrn Opfer brachte von den Früchten des Feldes. Und auch Abel brachte von den Erstlingen seiner Herde und von ihrem Fett.* Beide Söhne hatten gewiß auch das Schicksal der Eltern bedacht und die Strafe durch Gott nach ihrem Empfinden beurteilt. Wenn Menschen aber darüber nachdenken, gibt es zwei Reaktionen: Entweder man hadert mit Gott oder man beugt sich vor ihm. So empfand Kain offenbar Gottes Strafe als zu hart, als unangebracht, während Abel sich Gott als dem Herrn fügte und ihm recht gab. So geschah es, daß Abels Opfer von Gott angenommen wurde, Kains Opfer aber nicht. 1. Mose 4,4b-5: *Und der Herr sah gnädig an Abel und sein Opfer, aber Kain und sein Opfer sah er nicht gnädig an. Da ergrimmte Kain sehr und senkte finster seinen Blick.*

Es ist verständlich, daß Kain seinen Bruder um die Gnade Gottes beneidete, und es zeigt zugleich, wie wertvoll ihm diese Gnade erschien. Doch den Weg dahin, den Gott ihm aufzeigte, wollte er in seinem Grimm nicht gehen.

Neue Erprobung

1. Mose 4,6-7: *Da sprach der Herr zu Kain: Warum ergrimmst du? Und warum senkst du deinen Blick? Ist's nicht also? Wenn du fromm bist, so kannst du frei den Blick erheben. Bist du aber nicht fromm, so lauert die Sünde vor der Tür, und nach dir hat sie Verlangen; du aber herrsche über sie.* So sprach Gott sehr seelsorgerlich mit Kain und wollte ihm helfen, wieder zurechtzukommen. Er stellte ihn vor die Entscheidung, fromm, d.h. gut, oder unfromm, d.h. böse zu sein. Wenn Kain sein falsches Urteil über Gottes Strafe zugegeben hätte, wäre er richtig vor Gott gewesen. Anderenfalls, so warnte ihn Gott, bliebe die Anfechtung, denn die Sünde lauerte ihm auf. Mit dieser Personifizierung war sicher der Böse angesprochen, der dem Unbußfertigen auflauerte. Gott erwartete von Kain und ermutigte ihn dazu,

daß er über den Bösen herrschen, d.h. gegen ihn ankämpfen solle. Wäre Kain dazu bereit gewesen, hätte Gott ihm gewiß Beistand geleistet (vgl. Jak. 4,7- 8). Aber Kain antwortete Gott nichts. In seinem Grimm gegen Gott gab er dem Bösen nach. So ging er in böser Absicht zu seinem Bruder.

1. Mose 4,8: *Da sprach Kain zu seinem Bruder: Laß uns aufs Feld gehen! Und es begab sich, als sie auf dem Felde waren, erhob sich Kain wider seinen Bruder Abel und schlug ihn tot.* Die Sünde – der Böse – hatte Macht über ihn gewonnen. Gott aber gab Kain noch nicht auf. Er stellte ihn zur Rede. 1. Mose 4,9: *Da sprach der Herr zu Kain: Wo ist dein Bruder Abel? Er sprach: Ich weiß nicht; soll ich meines Bruders Hüter sein?* Kain fiel immer tiefer. Zusätzlich zu seinem Grimm nun noch mit Schuld beladen, griff er zur Lüge. Und nicht nur das; in sehr unbotmäßiger Weise machte er Gott einen versteckten Vorwurf. Damit hatte Kain die Gnade Gottes verspielt, und es kam zu einer schweren, aber gerechten Strafe. In sehr harten Worten sprach Gott zu Kain (1. Mose 4,10-12): *Was hast du getan? Die Stimme des Blutes deines Bruders schreit zu mir von der Erde. Und nun: Verflucht seist du auf der Erde, die ihr Maul hat aufgetan und deines Bruders Blut von deinen Händen empfangen. Wenn du den Acker bebauen wirst, soll er dir hinfort seinen Ertrag nicht geben. Unstet und flüchtig sollst du sein auf Erden.*

Trennung von Gott

Die schwere Strafe beeindruckte auch Kain, der zuvor über Gott urteilen zu dürfen meinte. Er mußte erfahren, daß Gott, der das Leben gab, auch allein der Herr über das Leben ist und daß es dem Menschen nicht zusteht, in dieses Besitzrecht Gottes einzugreifen. Wenn Gott zu Kain sprach, daß Abels Blut von der Erde zu ihm schreie, und er Kain deswegen verfluchte, so erklärte er damit (vgl. 1. Mose 9,4), daß das Blut der Träger des Lebens ist und vor Gott schreiend klagen und anklagen kann. Der Acker, der das Blut Abels getrunken hatte, konnte nicht das Arbeitsfeld von Kain bleiben.

1. Mose 4,12- 14: *Wenn du den Acker bebauen wirst, soll er dir hinfort seinen Ertrag nicht geben. Unstet und flüchtig sollst du sein auf Erden. Kain aber sprach zu dem Herrn: Meine Strafe ist zu schwer, als daß ich sie tragen könnte. Siehe, du treibst mich heute vom Acker, und ich muß mich vor deinem Angesicht verbergen und muß unstet und flüchtig sein auf Erden. So wird mir's gehen, daß mich totschlägt, wer mich findet.*

Viel härter als die Strafe, die Adam widerfuhr (1. Mose 3,17), war die Strafe, die Kain auferlegt wurde. Der Fluch Gottes zerstörte völlig das Verhältnis zum ertragbringenden Erdreich, machte Kain auf der Erde heimatlos und verschloß ihm auch den Himmel. Unstet und flüchtig sollte er sein und ohne den Schutz Gottes. Gemischt aus Furcht und Reue zeigte sich bei Kain ein Erkennen und Eingestehen seiner Schuld. Und das genügte Gott, um sich seiner anzunehmen. Das letzte Wort hatte nicht Kain, sondern Gott, der sich wie immer als der Herr der Geschichte erwies. 1. Mose 4,15-16: *Aber der Herr sprach zu ihm: Nein, sondern wer Kain totschlägt, das soll siebenfältig gerächt werden. Und der Herr machte ein Zeichen an Kain, daß ihn niemand erschlüge, der ihn fände. So ging Kain hinweg von dem Angesichte des Herrn und wohnte im Lande Nod, jenseits von Eden, gegen Osten.*

Das Zeichen, das Kain von Gott erhielt, war gewiß ein unsichtbares Schutzzeichen auf der Stirn, das Engel und Teufel aber sehen konnten (vgl. Hes. 9,4-6). Verwunderlich bleibt jedoch, vor wem Kain sich gefürchtet hatte. Es ging ihm doch nicht um wilde Tiere, sondern um Wesen, die ihn erschlagen konnten, und Gottes Eingehen auf Kains Angst zeigt, daß die Angst berechtigt war. Hier konnte es sich nur um die homines sapientes handeln, von denen Adam ehemals durch Gott erwählt und zum Menschen gemacht worden war. Von diesen hatte Gott ihn durch das Paradies abgegrenzt, und Adam und Eva werden sich mit den Söhnen weiter von ihnen ferngehalten haben. Doch wußten sie von ihnen, nachdem das Paradies, der Schutz des Unsichtbaren, von ihnen genommen war und sie für sich im Sichtbaren zu leben hatten.

Die beiden Linien

Nun aber ging Kain hinweg vom Angesichte des Herrn und wohnte jenseits von Eden. Das bedeutet: Er kam unter die homines sapientes, die gestaltsmäßig ihm glichen, aber nicht die Menschwerdung durch den Geist Gottes erfahren hatten. Von ihnen nahm er sich sein Weib (1. Mose 4,17a) und für sie baute er eine Stadt (1. Mose 4,17b). Beides sollte ihm durch eigene Kraft über das ihm auferlegte Flüchtigsein hinweghelfen. Oft wird angenommen, daß Kain eine Schwester geheiratet hätte. Doch der Text läßt das nicht erkennen. Die Geschichte von Kain und Abel ist von Gott nur auf die beiden Söhne abgestellt. Sie hatten offensichtlich keine Geschwister, waren unverheiratet, und Kain mußte, als er von Gott verstoßen wurde, allein in die Fremde mit der Furcht, totgeschlagen zu werden. Erst danach (1. Mose 5,3-4) heißt es: *Und Adam war 130 Jahre alt und zeugte einen Sohn, ihm gleich und nach seinem Bilde, und nannte ihn Seth; und lebte danach 800 Jahre und zeugte Söhne und Töchter, daß sein ganzes Alter ward 930 Jahre, und starb.*

Der Sohn Seth war wieder ein echter Mensch, nach dem Bilde von Adam, und er erhielt viele Geschwister. Deshalb kann man bei Seth annehmen, daß er eine Schwester zur Frau nahm und damit seine Nachkommen ebenfalls zu den von Gott erwählten Menschen gehörten. Das hohe Alter von Adam und von den Generationen nach ihm war auf der einen Seite bedingt durch den Zugang zum Baum des Lebens, den Adam gehabt hatte und der sich so lange auswirkte, bis Gott ein Ende setzte (1. Mose 6,3). Auf der anderen Seite waren die langen Lebenszeiten notwendig, damit die Erfahrungen der Väter an Kinder, Enkel und Urenkel weitergegeben werden konnten, um Kultur und Glaubensleben entstehen und wachsen zu lassen, ebenso aber auch die verschiedenen Fähigkeiten und Arbeiten zur Lebenserhaltung.

Damit zeichneten sich deutlich die beiden Bevölkerungen ab, die sich auf der Erde ausbreiteten: die eigentlichen Menschen – wie es in 1. Mose 5,2 erneut betont wird – und die menschliche Mischform der Kainiten, die aus den homines sapientes durch Kain entstanden. Bei der Linie der Kainiten handelte es sich vorwiegend um Nomaden (1. Mose 4,20), die aber auch eine bestimmte Kultur und Technik entfalteten (4,21). Das schwere seelische Leid von Kain hatten sie jedoch auch zu tragen, wie das Lied des Lamech bezeugt (1. Mose 4,23-24). Neben der Linie der Kainiten sorgte Gott für die Nachkommenschaft von Adam und Eva, auf denen sein unveränderter Segen lag. Das zeigt die Wichtigkeit von Seth, die doppelt bezeugt wird, zum einen über Adam, zum andern über Eva. 1. Mose 4,25-26: *Und Adam erkannte abermals sein Weib, und sie gebar einen Sohn, den nannte sie Seth; denn Gott hat mir, sprach sie, einen anderen Sohn gegeben für Abel, den Kain erschlagen hat. Und Seth zeugte auch einen Sohn und nannte ihn Enosch. Zu der Zeit fing man an, den Namen des Herrn anzurufen.*

Der Anfang dieser Stelle macht nach meinem Eindruck ebenfalls deutlich, daß vor Seth keine anderen Nachkommen von Adam und Eva existierten als Kain und Abel. Und ein Vergleich der beiden Verse 24 und 26 zeigt den existentiellen Unterschied zwischen der Linie der Kainiten und der der Sethiten: Während Lamech seinen Rachegelüsten Ausdruck gibt, wandte sich Seth dem lebendigen Gott zu. In geistlicher Hinsicht steht dahinter das Doppelgebot der Liebe, dessen Verletzung sich so auswirkte.

Im Paradies verstießen Adam und Eva gegen das Gebot der Gottesliebe: *Du sollst den Herrn, deinen Gott, liebhaben von ganzem Herzen, von ganzer Seele und mit aller deiner Kraft* (5. Mose 6,5). Denn Liebe zu Gott erweist sich, nach Worten Jesu, durch das Halten der Gebote (Joh. 14,21.23). Und im Streit mit Abel verstieß Kain und nach ihm in gleicher Gesinnung Lamech gegen das Gebot der Nächstenliebe: *Du sollst dich nicht rächen noch Zorn bewahren gegen die Kinder deines Volkes. Du sollst den Nächsten lieben wie dich selbst; ich bin der Herr* (3. Mose 19,18).

Die Folge war, daß es Gott, den Herrn, reute und ihn bekümmerte, die Menschen gemacht zu haben. Und er sprach: *Ich will die Menschen, die ich geschaffen habe, vertilgen von der Erde, vom Menschen an bis zum Vieh und bis zum Gewürm und bis zu den Vögeln unter dem Himmel; denn es reut mich, daß ich sie gemacht habe* (1. Mose 6,7). Alle Geschöpfe leiden unter der Schuld der Menschen. So wurden die Sethiten und mit den Kainiten auch alle vorhandenen homines sapientes und die Tiere durch die Sintflut vertilgt. *Nur Noah fand Gnade vor dem Herrn* (1. Mose 6,8), dazu die Tiere, die er in die Arche hineinnehmen sollte. Mit ihm setzte Gott nach der Sintflut die Linie der Sethiten fort. Mit Noah und seinen Söhnen erneuerte Gott den Bund, den er mit den ersten Menschen geschlossen hatte (1. Mose 9,8-11).

Die Söhne Noahs, die aus der Arche gingen, sind diese: Sem, Ham und Japheth. Ham aber ist der Vater Kanaans. Das sind die drei Söhne Noahs; von ihnen kommen her alle Menschen auf Erden (1. Mose 9,18-19). Das Gericht Gottes, das er mit der Sintflut über seine Geschöpfe brachte, hatte seine ursprüngliche Absicht wieder zur Geltung gebracht, daß alle Menschen – in dem Sinne, wie er sie erwählt und geschaffen hatte – auf Adam und Eva zurückzuführen sind, daß also Eva die Mutter aller wurde, die da leben (1.

Mose 3,20). Das bedeutet, daß alle heutigen Menschen – die weiße, die gelbe, die rote und die schwarze Menschenrasse – von Sem, Ham und Japheth abstammen und das – wie es wohl nicht anders zu erklären ist – auf dem Wege einer Mikroevolution; man vergleiche hierzu die Ausführungen auf S. 75 und S. 87.

Gottes Plan mit der Menschheit geht weiter. Nach Noah erwählte er Abraham und baute mit ihm und seinen Nachkommen das Volk auf, das sein Volk sein sollte, dessen Gott er sein will – und es noch immer ist – und dem er die Offenbarung durch sein Wort schenkte. Diese enthielt als Höchstes das Doppelgebot der Liebe, von dem Jesus sagt: *In diesen zwei Geboten hängt das ganze Gesetz und die Propheten* (Matth. 22,40). Die Erwählung galt aber dem Volk Israel nicht um seiner selbst willen, sondern gab ihm den großen Auftrag, Gottes Zeuge zu sein für alle anderen Völker. Diese hatten sich inzwischen eigene Götter gemacht. Aus dem unbestimmten Wissen und Ahnen um den einen Gott, der die Menschen schuf, erwuchs die Sehnsucht, mit diesem Gott wieder vereinigt und versöhnt zu werden. Aus dieser Sehnsucht entstanden Opferkulte mannigfacher Art bis hin zu den großen Weltreligionen, aber ebenso die Götzenkulte der Primitiven. Da das Volk Israel als Zeuge Gottes versagt hatte, sandte Gott seinen Sohn Jesus Christus als Menschen auf diese Erde, der den einen Gott, der wirklich Gott ist, bezeugte und durch seinen Tod am Kreuz den Weg zu ihm freilegte. Und jeder, der nach mancherlei Versuchen diesen Weg gefunden hat und gegangen ist, hat die Wahrheit des Wortes Jesu erfahren: *Ich bin der Weg, die Wahrheit und das Leben; niemand kommt zum Vater denn durch mich* (Joh. 14,6). Und wer sich nicht auf Jesus einlassen will, wird die Wahrheit seines Wortes dadurch erfahren, daß er einmal vor Jesus als seinem Richter stehen wird, der die Menschen nach ihren Werken scheiden und auf diese Weise bestimmen wird, wer zum Vater eingehen darf und wer nicht (Offb. 20,11-15).

14. Die Auswirkungen für die Gegenwart

Gottes Treue

Als Abschluß gehe ich kurz darauf ein, wie sich der Segen Gottes, den er auf die ersten Menschen gelegt hatte, im Laufe der Geschichte ausgewirkt hat. Nach Erschaffung von Adam und Eva heißt es (1. Mose 1,28): *Und Gott segnete sie und sprach zu ihnen: Seid fruchtbar und mehret euch und füllet die Erde und machet sie euch untertan und herrschet über die Fische im Meer und über die Vögel unter dem Himmel und über das Vieh und über alles Getier, das auf Erden kriecht.* Damit hatte Gott die Menschen alsbald nach ihrer Erschaffung mit einer umfassenden Vollmacht ausgestattet. Vom Menschen her gesehen war er ein großes Wagnis eingegangen, doch ist das nur ein menschliches Urteil, das bei Gott nicht zählt. Er kann selbstverständlich alles tragen, was er in Gang gesetzt hat, und hat es bis in die Gegenwart getan und wird es zu seines Namens Ehre einmal vollenden. Das Wagnis trat sehr bald hervor, als die Menschen dem Versucher nicht widerstehen konnten und Gottes Gebot übertraten. Sie verloren damit die ungetrübte Gemeinschaft mit Gott und wurden aus dem Paradies vertrieben, aber der Segen Gottes wurde ihnen nicht genommen. Denn das gehört zu Gottes Wesen, wie er es dem erwählten Volk Israel gegenüber trotz dessen Blindheit bezeugt hat: *Denn Gottes Gaben und Berufung können ihn nicht gereuen* (Röm. 11,29). In gleicher Weise hatte er auch die ersten Menschen nicht abgeschrieben, sondern ihnen nur gewisse Lasten für ihr Leben auferlegt, Mühsal bei der Schwangerschaft und Erschwernisse bei der Arbeit (1. Mose 3,16-19).

Geheimnis um Gottes Segen

Es ist etwas ganz Eigentümliches um den Segen Gottes. Das hebräische Wort barakh bedeutet segnen, d.h. mit heilvoller Kraft begaben, wenn es sich von Gott zum Menschen hin ereignet; in der Richtung vom Menschen zu Gott hin aber bedeutet es loben, preisen, danken. In dieser doppelten Bedeutung wird erkennbar, daß Gottes Segen nicht unbeantwortet bleiben soll, sondern der Mensch für den empfangenen Segen zu danken hat, indem er Gott lobt und preist. Wer sich dessen bewußt ist und es tut, wird unter Gottes Segen bleiben. Wer diesen Segen als etwas Selbstverständliches hinnimmt, wird ihn früher oder später verlieren. Es gehört zum Geheimnis des Segens Gottes: Er wandelt sich von selbst in Unsegen, wenn man dem Geber nicht mehr die Ehre gibt, die ihm zukommt. Das zeichnet sich immer wieder in der Geschichte ab. Es beginnt mit der Bosheit der Menschen, um die Gott bekümmert ist und zu ihrer Vertilgung die Sintflut kommen läßt. Es setzt sich fort in der weitverbreiteten Gottlosigkeit, die Paulus so treffend schildert (Röm. 1,20-22): *Denn Gottes unsichtbares Wesen, das ist seine ewige Kraft und Gottheit, wird ersehen seit der Schöpfung der Welt und wahrgenommen an seinen Werken, so daß sie* (die Menschen) *keine Entschuldigung haben. Sie wußten, daß ein Gott ist, und haben ihn nicht gepriesen als einen Gott noch ihm gedankt, sondern haben ihre Gedanken dem Nichtigen zugewandt, und ihr unverständiges Herz ist verfinstert. Da sie sich für weise hielten, sind sie zu Narren geworden.*

Unsere Gegenwart unterscheidet sich von der Lebensweise der Menschen, die Paulus in den anschließenden Versen schildert, nur dadurch, daß die Gesellschaft von heute noch selbstsüchtiger, noch sittenloser, noch gottwidriger geworden ist als die Menschen damals waren, dazu aber immer mehr Menschen ruheloser, geplagter und verzweifelter trotz allen wissenschaftlichen, allen medizinischen und allen technischen Fortschritts.

Die erste Segensgabe

Sie lautete: Seid fruchtbar und mehret euch und füllet die Erde. Das ist geschehen, aber wozu hat es geführt? Zu einer Übervölkerung der Erde mit unzähligen unlösbaren Problemen. Millionen von Menschen, vorwiegend in der dritten Welt, werden jährlich durch Hunger, Krankheiten, Unterdrückung dahingerafft trotz aller Versuche, ihnen zu helfen. Im übrigen gibt es Arbeitslosigkeit, Mangel an Energie, Streitigkeiten, Kriege, Wirtschaftsprobleme, Konkurrenz, Terror und Gewalt, Nichtachtung von Menschenrechten, Demonstrationen, Uneinigkeiten, Mord an Ungeborenen und vieles andere. Und trotzdem wächst die Zahl der Menschen auf der Erde unaufhörlich weiter, so daß sich für die Menschheit die Frage nach einer Überlebensmöglichkeit zu erheben beginnt.

Das alles hat als weitere Folge die Vielfalt der Religionen und Weltanschauungen. Die Christenheit ist nur eine Minderheit und in sich gespalten. Gläubige werden verfolgt, Sekten und Irrlehren breiten sich aus, Jugend lehnt sich gegen das Alter auf, die verfaßten Kirchen sind weithin unglaubwürdig geworden, alle Religionen gelten als gleichwertig, die Verführung durch die New Age-Bewegung greift immer mehr um sich, dringt auch in christliche Gemeinden ein, der Ausblick in die Zukunft erscheint düster und hoffnungslos.

Durch das Viele, was an Einflüssen und Anregungen auf den von Gott gelösten Menschen von heute zukommt, ist er völlig orientierungslos geworden. Er wird immer stärker zu einem Triebmenschen, der nur noch sich selber und seinen Lüsten lebt oder seinen Ehrgeiz und sein Geltungsbedürfnis befriedigen will oder wegen der Sinnlosigkeit des Lebens sich selber umbringt. Dem allen gegenüber bleibt aber unangreifbar bestehen: Wer sich vom Glauben an den lebendigen Gott leiten läßt, hat Halt, hat Orientierung und Lebensziel und geht einer Zukunft entgegen, die von Gott gestaltet wird.

Die zweite Segensgabe

Sie lautete: Macht euch die Erde untertan, d.h., die Kräfte der Erde sollen und dürfen genutzt werden. Dazu gehören die Kräfte, die im Menschen selbst liegen: körperliche, musische und denkerische Fähigkeiten. Mit ihrer Hilfe kam und kommt es zu großen baulichen, künstlerischen und kulturellen Leistungen. Wissenschaft und Forschung führten zu einem imponierenden geistigen Niveau, zu hohem Lebensstandard und zu gewaltigen technischen Errungenschaften. Aber auch in der Erde liegende Kräfte durften genutzt werden: Kohle, Erz, Öl, Erdgas und andere Lagerstätten wurden, wo immer möglich, abgebaut. Doch je intensiver das alles geschieht, um der wachsenden Zahl der Erdbevölkerung willen, umso stärker erheben sich Probleme. Industrieanlagen führen zu Umweltverschmutzung, Industrieprodukte zu Luftverunreinigung und Waldsterben. Rückgang natürlicher Energien und internationale Konflikte waren Anlaß zur Erzeugung von Kernenergie, deren Gefahren neue Probleme aufwerfen: radioaktive Verseuchung der Luft und von Lebensmitteln. Aufrüstung mit atomaren Waffen führt zu möglicher Kriegsgefahr und alles zusammen zu Angst um das Überleben. Die Unfähigkeit, den Gefahren wirksam entgegenzutreten, hat die ursprüngliche Segensgabe in ihr Gegenteil verwandelt. Statt die Erde in der Abhängigkeit von Gott und als gute Gabe Gottes zu nutzen, wurde sie in menschlicher Anmaßung als verfügbares Objekt angesehen und rücksichtslos ausgebeutet. So hat sich der Mensch die Erde in selbstherrlicher Weise unterworfen und fühlt sich gerade dadurch mehr und mehr als der Unterlegene, dem alles über den Kopf zu wachsen beginnt.

Sie lautete: Herrschet über die Tiere, d.h. denkt daran, daß ihr Menschen durch die besondere Art eurer Erschaffung hoch über allen anderen Geschöpfen steht. Das ließ man gern gelten, nahm und nimmt es aber als selbstverständlich an und bedenkt nicht, daß der Auftrag zum Herrschen auch die Pflege von Natur und Tieren einschloß. Aus der notwendigen Abwehr von Angriffen wilder Tiere, die Menschen bedrohten, und einer zuchtvoll geregelten Jagdausübung mit Hege und Abschuß wurde ein wildes Abschießen von Tieren in fernen Ländern als »sportliches« Vergnügen. Andere Tierarten wurden und werden aus Gewinnsucht so gut wie ausgerottet, um kostbare Pelze und seltene Leder herzustellen. Für Forschungszwecke sind unzählige Tierversuche, bisher so gut wie ungehindert, angestellt worden. Gegen Schädlinge aller Art wird mit chemischen Mitteln angekämpft ohne Rücksicht darauf, daß Luft und Umwelt verseucht und Nahrungsmittel gefährdet werden. Auch im Kampf gegen Viren und andere Krankheitserreger werden Medikamente mit unerwünschten Nebenwirkungen entwickelt.

Aus der von Gott vorgesehenen Unterordnung der Tiere unter den Menschen – von der auch immer noch gute Spuren vorhanden sind bei landwirtschaftlichen Betrieben, die in der rechten Einstellung gegenüber Schöpfung und Schöpfer arbeiten – ist weithin eine heftige und andauernde Bedrohung des Menschen durch Tiere geworden. Auf der anderen Seite werden viele Tierarten durch Menschen gefährdet und vernichtet, indem ihre Lebensräume – die Biotope – durch achtloses Umgestalten der Landschaft für industrielle oder verkehrsmäßige Zwecke zerstört werden. Das Verhältnis von Mensch und Tier ist im Grunde restlos gestört, spiegelt aber damit nur das gestörte Verhältnis zu Gott, dem Schöpfer, wider.

Abschluß

Es ist für jeden nachdenkenden Menschen erschreckend, was aus der guten Schöpfung Gottes durch den Ungehorsam der ersten Menschen geworden ist. Sie, die die Menschheit, wie sie sein sollte, repräsentieren, haben durch ihre Schuld die ganze Schöpfung ins Verderben gezogen, haben die gute Schöpfung durch ihren Fall zu einer gefallenen Schöpfung werden lassen, die nun ihrerseits auf eine Erlösung wartet. Es ist uns gesagt (Röm. 8,20-22): *Es ist ja die Kreatur unterworfen der Vergänglichkeit – ohne ihren Willen, sondern um des willen, der sie unterworfen hat – auf Hoffnung; denn auch die Kreatur wird frei werden von der Knechtschaft des vergänglichen Wesens zu der herrlichen Freiheit der Kinder Gottes. Denn wir wissen, daß alle Kreatur sehnet sich mit uns und ängstet sich noch immerdar.*

Die ganze Erde wurde als gefallene Schöpfung Einflußgebiet Satans, des Fürsten dieser Welt. Auch darüber läßt uns Gottes Wort nicht im Unklaren. Paulus schreibt (2. Kor. 4,3- 4): *Ist nun unser Evangelium verdeckt, so ist's denen verdeckt, die verloren werden, den Ungläubigen, denen der Gott dieser Welt den Sinn verblendet hat, daß sie nicht sehen das helle Licht des Evangeliums von der Herrlichkeit Christi, welcher ist das Ebenbild Gottes.* Und in Eph. 2,1-2 sagt er: *Auch ihr waret tot in euren Übertretungen und Sünden, in welchen ihr gewandelt seid nach dem Lauf dieser Welt, nach dem Mächtigen, der in der Luft herrscht, nämlich nach dem Geist, der zu dieser Zeit sein Werk hat in den Kindern des Unglaubens.*

Alles das geschieht nicht ohne Gott. Er bleibt der Herr der Geschichte; er läßt sich auch in der gefallenen Schöpfung nicht unbezeugt (Apg. 14,17). Und wie er in seinem Plan zu ihr und zu den Menschen steht, besagt Röm. 11,32: *Gott hat alle beschlossen unter den Unglauben, auf daß er sich aller erbarme.* Er wird einmal alles zu einem guten Ende führen. Dazu haben wir die Bibel als offenbartes Wort Gottes erhalten, daß wir in ihr uns Rat holen über den Lauf der Geschichte. Da wird uns gesagt (Eph. 1,9-10): *Denn Gott hat uns wissen lassen das Geheimnis seines Willens nach seinem Ratschluß, den er sich vorgesetzt hatte in Christus, damit er ausgeführt würde, wenn die Zeit erfüllt wäre; daß alle Dinge zusammengefaßt würden in Christus, beides, was im Himmel und auf Erden ist.*

Das Geheimnis von Gottes Willen besteht für uns Menschen vor allem darin, daß ihm eine doppelte Zielsetzung eigen ist, die in der einen und in der anderen Richtung nebeneinander ihrer Erfüllung entgegengeht. Es ist zum einen der Wille seines Wohlgefallens, der Menschen zu Gotteskindern werden läßt (Eph. 1,5), und zum andern der Wille seines Ratschlusses, der sein Handeln in Natur und Geschichte bestimmt (Eph. 1,9). Der Gott der Liebe und des Friedens will nicht Verderben, Krieg, Terror, Chaos, Zerstörung. Er will Frieden und Ordnung, Gerechtigkeit und gesundes Leben nach seinen Geboten. Doch die Menschen, die in Eigensinn und Eigenwillen dahingegeben sind (Röm. 1,24-32), sorgen mit Kriegen, Gewaltherrschaften, Kernenergie, Nuklearwaffen, Umweltzerstörung, Mord und Terror immer wieder für Umwege im Geschichtshandeln Gottes. Das Böse, *das aus der Kraft Gottes gegen Gott lebt,* soll nach dem Willen seines Ratschlusses ausreifen, ehe es ganz vernichtet wird. Doch das Ziel steht fest: *Wenn Gott ihm* (Jesus Christus) *alles unter die Füße getan hat, so hat er nichts ausgenommen, was ihm nicht untertan wäre. Jetzt aber sehen wir noch nicht, daß ihm alles untertan wäre* (Hebr. 2,8).

Der letzte Satz dieses Bibelwortes – *der sogenannte eschatologische Vorbehalt* – zeigt die Geduld und das Warten Gottes auf das Ausreifen des Bösen im antichristlichen Geschehen. Wir glaubenden Menschen dürfen darauf vertrauen, daß Gott alles in der Hand hat und zu seiner Zeit dem vorgesehenen Ziele zuführt.